Ulrich Emil Duprée

Das Geheimnis der Fülle

Erlange spielerisch materiellen und spirituellen Reichtum

Schirner Verlag

Die Ratschläge in diesem Buch sind sorgfältig erwogen und geprüft. Sie bieten jedoch keinen Ersatz für kompetenten medizinischen Rat, sondern dienen der Begleitung und der Anregung der Selbstheilungskräfte. Alle Angaben in diesem Buch erfolgen daher ohne Gewährleistung oder Garantie seitens des Autors oder des Verlages. Eine Haftung des Autors bzw. des Verlages und seiner Beauftragten für Personen-, Sach- und Vermögensschäden ist ausgeschlossen.

Dieses Buch enthält Verweise zu Webseiten, auf deren Inhalte der Verlag keinen Einfluss hat. Für diese Inhalte wird seitens des Verlages keine Gewähr übernommen. Für die Inhalte der verlinkten Seiten ist stets der jeweilige Anbieter oder Betreiber der Seiten verantwortlich.

Wir verzichten auf das Einschweißen unserer Bücher – **UNSERER UMWELT ZULIEBE!**

ISBN Printausgabe: 978-3-8434-1537-8
ISBN E-Book: 978-3-8434-6514-4

Ulrich Emil Duprée:
Das Geheimnis der Fülle
Erlange spielerisch materiellen
und spirituellen Reichtum

Umschlag: Anna Katharina Berg, Schirner,
unter Verwendung von # 595754945
(© Sergey Nivens) und # 1673566174
(© Frings Clement), www.shutterstock.com
Layout: Anna Katharina Berg, Schirner
Lektorat: Bastian Rittinghaus, Schirner
Printed by: Ren Medien GmbH, Germany

www.schirner.com

Neu gestaltete Neuausgabe 2023 – 1. Auflage Mai 2023

Inhalt

Von der Insel des ewigen Frühlings
in Dankbarkeit an das Leben

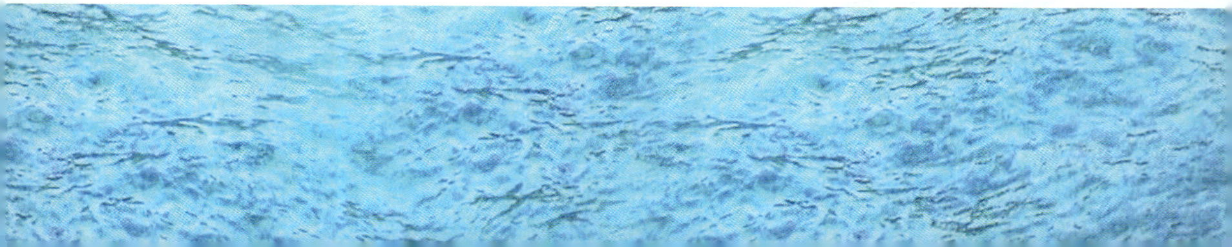

Ein Geheimnis

Von der Blüte und vom Erwachen

Huna (haw., »das Geheimnis«) ist der westliche Begriff für das alte hawaiianische System einer rein positiven Lebensgestaltung. Es sind die Lehren jener Heilerinnen und Heiler, der *Kahunas,* die Berichten zufolge früher so mächtig waren, dass sie das Wetter verändern konnten und Knochenbrüche innerhalb weniger Stunden zu heilen vermochten. Doch vor gut einhundert Jahren waren diese Eingeweihten weitgehend verschwunden. Was war geschehen? Mit der Ankunft der Weißen hatten sie sich zurückgezogen, und da die Besatzer die Ausübung der kraftvollen Rituale, den heiligen *Hula*-Tanz und sogar den Gebrauch der Sprache unter Strafe stellten, ging immer mehr dieser reichen Kultur verloren.*

Das Ziel von *Huna* sind die körperliche und die psychische Gesundheit, die spirituelle und die materielle Fülle, das Ziel sind der Frieden und ein Leben im Einklang mit allem Sein. Der Mensch wird weder als von der Welt getrennt noch als elitäre Krone dieser Schöpfung gesehen, sondern als ein Teil der Urquelle. Als solcher besitzt er eine enorme Mitschöpferkraft und ist mit der Aufgabe und der Verantwortung betraut, die Natur und das Leben zu bewahren, statt sie auszubeuten. Er sucht, sich selbst zu vervollkommnen und zu heilen, seine Beziehungen zu anderen Menschen, zu den Tieren und Pflanzen, zur Erde, dem Wasser, der Luft und zur Urquelle zu vertiefen. Die Maxime von *Huna* lautet schlicht: Verletze nie – *Aloha.*

---

* Für alle Interessierten empfehle ich die Bücher *Huna-Einführung* und *Das Huna-Kompendium* von Dr. Diethard Stelzl, Schirner, Darmstadt 2010/2015.

Für die Fachleute des *Huna* ist das Leben Fülle, das heißt konkret Gesundheit, eine blühende und duftende Natur, Früchte, reiche Meere, mächtige Vulkane, tiefe Wälder, gute Freundinnen und Freunde, lachende Kinder – kurzum: spiritueller und materieller Reichtum, wohin du blickst. Das, was ist, ist Fülle, und genauso, wie die Gedanken in deinem Gehirn nicht weniger werden, wenn du etwas denkst, so nimmt dieser Reichtum nicht ab, wenn du ihn teilst oder daran teilhast, sondern er wächst und wächst. Erst wenn du versucht, etwas von der Fülle egoistisch nur für dich zu beanspruchen, wenn du gierig und geizig bist, neidisch und eifersüchtig, oder auch, wenn du ängstlich bist oder zweifelt, dann wird die Fülle weniger, sie verschließt sich – und du verlierst.

Hatte jemand seine Verbindung zur Fülle verloren, suchten die Weisen auf Hawaii folglich die Gründe in den Ursachen, also im Denken und im Verhalten – im Geistigen und in der Psyche – und nicht in den Wirkungen, also den Umständen. Weil sich ein Mensch nun einmal mit seinen destruktiven Überzeugungen und seinem Fehlverhalten dem Leben gegenüber selbst im Wege stehen kann, entwickelten die *Kahunas* verschiedene Reinigungstechniken wie zum Beispiel das berühmte *Ho'oponopono,* um alle Selbstsabotageprogramme zu löschen. Die Methode, mit der man nach solch einer Reinigung wieder in die Fülle gelangt bzw. das Gesetz der Fülle reaktiviert, nennen wir *Holopono* – das System des mühelosen Erlangens von spirituellem und materiellem Reichtum. In diesem Buch erkläre ich dir dieses universelle Prinzip sowie die sieben grundlegenden Lebensweisheiten von *Huna.* So kannst du sofort praktisch werden und die Fülle in jeden Bereich deines Lebens und immer zum Wohle des Ganzen einladen.

Alles fließt, und so verteilt sich das Leben selbst großzügig in alle Richtungen.

Von der großen Mutter und der Fülle

Fülle – ein geradezu magisches Wort. Die Masse glaubt, der wahre Reichtum sei der materielle Wohlstand, und wenn man möglichst viel Geld habe, dann werde sich auch der Rest irgendwie regeln. Ein Irrtum, denn du und ich, wir wissen, dass gerade die Jagd nach dem bunt bedruckten Papier häufig dazu führt, dass ein Mensch sich nur noch weiter von der Fülle entfernt und dabei seine Freude, seine Gesundheit und seine Beziehungen aufs Spiel setzt. Umfragen zeigen, dass ausgerechnet in den reichen Industriestaaten immer mehr Menschen unglücklich sind, Stress und andere Zivilisationskrankheiten zunehmen.

Das Wort »Fülle« ist dem Namen *Fulla* entlehnt. *Fulla* ist die anmutige Dienerin der wunderschönen Göttermutter *Frigga* oder *Freya,* die uns Freiheit gewährt und der wir den Freitag gewidmet haben. *Freya* ist die Herrin über die Ländereien, über jeglichen Besitz, über den Herd und das Feuer, das uns wärmt und nährt. Ihr Stern ist die gefühlvolle Venus, und unter ihren vielen Dienerinnen, zum Beispiel den Musen der Dichtkunst und der Musik, ist *Fulla* diejenige, die ihre reich gefüllten Schatztruhen verwaltet. In diesen befinden sich all die prachtvollen Diademe, die herrlichen Ohrringe, die Armreifen und die Juwelen der *Freya.* Wenn *Fulla* eine dieser Truhen öffnet oder die Göttin *Freya* die große Audienzhalle betritt, beginnt die Umgebung im sanften Schein der Venus zu leuchten – präsent, doch unaufdringlich.

Wie du bemerkt hast, leiten sich von *Fulla* die Wörter »voll«, »füllen«, »fühlen« und »Gefühl« ab. Gefühle und Fülle hängen eng zusammen, denn erst unsere Gefühle machen aus uns eine Persönlichkeit. Ja, ohne sie wären wir nur leere Hüllen, Schatztruhen, deren Inhalt geraubt wurde. Hast du dir also dein Herz rauben lassen, deine Gesundheit oder dein Geld, dann wollen wir uns an *Fulla* und an die Besitzerin der Schätze wenden: an *Freya,* an die hinduistischen *Uma, Durga* und *Lakshmi* bzw. an *Hina, Papa* und *Haumea,* wie die Hawaiianer sie nennen.

Die wunderschöne Dame *Haumea* ist nach der hawaiianischen Überlieferung die Schwester von *Kane* und gehört zu den ältesten Gottheiten. In einigen Erzählungen ist sie mit *Kanaloa* verheiratet, einem mächtigen Heiler, der wegen seiner vorzüglichen Tugenden zum Begleiter der Götter ernannt wurde. Mit ihm hat sie zahlreiche Kinder, zum Beispiel die Göttinnen *Pele* und *Hi'iaka,* die aus verschiedenen Teilen des Körpers geboren wurden. Manchmal wird *Haumea* mit der heiligen Erde, *Papa,* gleichgesetzt, und sie und ihr Mann *Wākea* sind dann die Ahnen allen Lebens. *Haumea* erscheint in zahlreichen Gestalten und besitzt den Zauberstab *Makalei,* der die Fische ruft und alle Nahrung erzeugt. Als Göttin des Lebens und der Fruchtbarkeit hat sie die Fähigkeit, sich immer wieder zu erneuern, und in den alten Gesängen verwandelt sie sich regelmäßig von einer alten Frau in ein schönes junges Mädchen, um immer wieder zu heiraten.

Die Fülle ist weiblich – sie ist die Erde, die Mutter und das ursprüngliche Prinzip, das alles hervorbringt. Sie entspricht der Fruchtbarkeit, also der Fähigkeit, zu gebären, Früchte wachsen zu lassen und so das Leben sich entfalten zu lassen und es zu erhalten.

Fülle ist nicht statisch, sondern immer wieder offenbart sich das Leben aufs Neue als ein beständiger Wechsel von Vielfalt und Reichtum. Der Winter mit seinen erstarrten Wasserfällen und Bergen wie mit Puderzucker bestreut, mit reichem Schnee, der wie Diamanten glitzert, wobei keine einzige Flocke der anderen gleicht, wird abgelöst von einem wogenden Meer bunter Gräser und Blumen im Frühling. Das Leben ähnelt darin unserem Atem, der uns am Leben erhält, einem rhythmischen Kommen und Gehen in kleinen und großen Zyklen. Vom individuellen Leben bis zum Weltzeitalter folgt alles diesem Prinzip: sich zu erneuern und in anderer Gestalt wiederzukehren. Das Universum entstand aus einem Punkt, es dehnt sich aus und wird irgendwann auch wieder dorthin zurückkehren. Es gibt Phasen des Wachstums, der Ruhe und des Vergehens, die wieder Nährboden für das neue Leben hervorbringen.

Die *Kahunas* nennen das Leben *Wai Wai,* »großes fließendes Wasser«, und meinen damit den ewigen Strom von spirituellem und materiellem Reichtum. Alles fließt, und so verteilt sich das Leben selbst großzügig in alle Richtungen. Wenn du einatmest, gelangt der Sauerstoff in jede Zelle deines Körpers, und wenn du etwas Schönes anschaust, entstehen in deinem Gehirn Nervenimpulse, woraufhin die Drüsen Neuropeptide – Botenstoffe – ausschütten, die jede Zelle deines Körpers dazu auffordern, sich jetzt wohlzufühlen. So entstehen in deinem ganzen Körper eine angenehme Stimmung und Entspannung, damit noch mehr Energie fließen kann.

Das ist *Holopono,* nämlich sich zu lockern und das Leben gewähren zu lassen – zu erlauben, dass es in uns erblüht, wodurch zum Beispiel auch die Selbstheilungskräfte wirken können. So können sich in unserem Körper täglich zwischen 50 und 70 Milliarden Zellen regenerieren (das ist das Zehnfache der Weltbevölkerung). 600 000 Zellen erneuern sich pro Sekunde, wenn wir locker sind und unseren Körper nicht durch Umweltgifte, durch Selbstverurteilung und Selbstmisshandlung stressen. Was wir der täglichen Belastung entgegensetzen können, sind eine ausgeglichene Lebensweise sowie die tägliche Reinigung und Entgiftung. Wie wir duschen, um die in der Nacht ausgeschiedenen Toxine äußerlich von der Haut zu waschen, genauso ist es für die Zellerneuerung nötig, uns innerlich – mental und emotional – zu reinigen und zu entgiften. Wie der Atem ein- und ausströmt, Zellen sterben und sich erneuern, das Geld in ein Portemonnaie hineinfließt, um wieder ausgegeben zu werden, so möchte ich dich gleich zu Beginn dieses Buches bitten, dich mehrmals täglich immer und immer wieder zu fragen, womit du dein Leben füllst und welche Gefühle du empfindest. Werde dir deiner Gefühle bewusst, während du auf die drei Säulen deines Lebens schaust: Körper, Geist und Seele.

Die Fülle ist weiblich – sie ist die Erde,
die Mutter und das ursprüngliche Prinzip,
das alles hervorbringt.

Von der Fülle des eigenen Lebens

Gesundheit steht in der Fülle-Liste ganz oben, denn auch mit reichlich Geld ist es nicht möglich, dem Leben auch nur eine einzige Sekunde hinzuzufügen. Daher ist es von Vorteil, dem Körper genügend Aufmerksamkeit zu schenken, sich zu bewegen und sich gesund zu ernähren, um das Leben nicht mutwillig zu verkürzen – doch was heißt »genügend« und »gesund«? Okay, sicherlich kann man ein Haus auch aus Schutt bauen, doch dein Körper ist ein Tempel. Wir sprechen hier nicht von einem Hotel, in dem man ein, zwei Nächte verbringt, sondern von einem großartigen Wunder. Frage dich deswegen bitte, was du wirklich isst und was du eigentlich essen willst, um daraus neue Zellsubstanz aufzubauen. Aus welchem Material errichtest du deinen Tempel? Wie fühlst du dich, und wie willst du dich nach einer Mahlzeit fühlen? Wie viel und wie gut bewegst du dich, und was ist dein Ziel? Wie fit und vital fühlst du dich? Was denkst du über den Spruch »ein gesunder Geist lebt in einem gesunden Körper«?

Wie steht es um deine Gedanken? Machst du dir viele Sorgen oder hast häufig Zweifel? Unser Verstand ist das Werkzeug, das uns von einem Punkt A zu einem Punkt B bringt – zum Beispiel vom Mangel zur Fülle. Dieses Werkzeug ist auch nur in dem Maße wertvoll, wie wir es nutzen und pflegen. Genauso, wie Muskeln verkümmern können, können wir mental degenerieren oder sogar verrohen. Die Menschen, die beruflich täglich Gewaltdarstellungen zum Beispiel für *Facebook, Twitter, Google* und andere Internetdienste filtern müssen, werden mittlerweile psychologisch betreut, um mit den Eindrücken zurechtzukommen. Solche Bilder und Texte hinterlassen einen starken Eindruck und eine Wirkung. Doch wer betreut die Kinder, Jugendlichen und Erwachsenen psychologisch, die sich freiwillig Gewaltszenen in Videospielen und Filmen aussetzen? Genauso wie permanente Autoabgase den physischen Körper zerstören, so zerstören permanente negative Nachrichten unseren psychischen Körper. Alles, was wir aufnehmen, ob geistig oder körperlich, müssen wir verdauen oder ausleiten. Passenderweise sagt man: »Das kann ich nicht verdauen. Es schlägt mir auf den Magen. Das geht mir an die Leber und an die Nieren.« Diese Ausdrucksweisen sind Hinweise auf elementare psychosomatische Zusammenhänge, und wenn du in die Fülle gelangen willst, dann fangen wir am besten hier an.

Dein innerer Dialog

Frage dich aufrichtig, womit du dich täglich gedanklich beschäftigst. Was sind deine primären Gedanken? Worum kreist dein innerer Dialog, und welche Frage stellst du dir immer wieder? Welche sind die drei primären Emotionen, die du täglich empfindest?

Die nächste Frage lautet, wie dein soziales Umfeld, dein Bekannten- und Kollegenkreis zusammengesetzt ist. Wer sind, wie denken und wie verhalten sich die Menschen, mit denen du hauptsächlich zusammen bist? Meine Mutter hatte dazu, wie immer, eine ganz einfache Formulierung: »Wer mit Hunden spielt, muss sich nicht wundern, wenn er Flöhe bekommt.« Man könnte auch sagen: »Zeige mir deine Freunde, und ich sage dir, wer du bist.«

Dein Umfeld

Um herauszufinden, wo du im Leben stehst, gibt es die einfache Faustregel, dass du nämlich der Durchschnitt derjenigen fünf Menschen bist, mit denen du das Gros deiner Zeit verbringst. Wie heißen die fünf Menschen, in deren Energiefeld du stehst und durch die deine Persönlichkeit, dein Denken, deine Sprache und dein Verhalten beeinflusst werden? Welche Charakterzüge, welche Werte, welche Gesprächsthemen und welche Interessen haben diese fünf Menschen?

Als letzten Punkt möchte ich dich bitten, auf deine finanzielle Situation zu blicken. Wir leben in einem der reichsten Länder der Erde, und doch werden es nur circa fünf Prozent der Bevölkerung schaffen, nach ihrem sechzigsten Lebensjahr finanziell unabhängig zu sein. Unabhängig bedeutet in diesem Zusammenhang, genügend eigene Mittel zur Verfügung zu haben, von denen man ohne fremde Hilfe leben kann. Stelle dir nun ein Unternehmen vor, das etwa dreißig oder vierzig Jahre lang am Markt tätig ist. Welche Werte sollte solch ein Unternehmen geschaffen haben? Müsste es nach dieser Zeit ein eigenes Firmengebäude besitzen, wäre es von Vorteil, ein System entwickelt zu haben, durch das immer Geld in die Kasse kommt, und zwar selbst dann, wenn man nicht arbeitet, die Maschinen einmal stillstehen? Ich kann diese Fragen nicht für dich beantworten, denn jeder Mensch hat seine eigene Sicht der Dinge, doch was sicher ist: Solch ein Unternehmen bist du. Jeder Mensch ist sozusagen ein selbstständiges Unternehmen, das Räume bezogen hat, Beziehungen pflegt, Einkünfte generiert, Ausgaben hat usw. So, wie eine Unternehmerin die Verantwortung für ihr Unternehmen trägt, bist du für dein Leben – dein Unternehmen Leben – verantwortlich.

Deine finanzielle Situation

Wie sieht nun deine finanzielle Situation aus? Kläre erstens ab, wie viel Geld und Vermögen du besitzt, zweitens, wie lange du ohne Einkünfte leben könntest, und drittens, ob du Werte besitzt, die dir Geld oder entsprechende Einkünfte generieren, ohne dass du arbeiten musst. Man nennt das ein passives Einkommen. Das kann zum Beispiel auch ein Selbstversorgergarten sein, durch den das Thema Geld für dich weniger Gewicht hat.

Nach diesem kleinen Überblick und einem ersten Kennenlernen kommen wir jetzt zum Gesetz der Fülle und zu *Holopono* – der Antwort auf die Frage, wie du das Gesetz der Fülle für dich aktivierst.

Holopono und das Gesetz der Fülle

Ein Gesetz namens *Piha Pono Wai Wai*

Im *Huna* arbeiten wir mit verschiedenen universellen Prinzipien, die du in den folgenden Kapiteln näher kennenlernst, und ein ganz besonderes geistiges Gesetz ist dasjenige der Fülle, *Piha Pono Wai Wai*.

Es gibt im Kosmos kein Gesetz namens Mangel. Dieses Universum, all die Galaxien, die kosmischen Nebel, die Planeten – alles, was ist –, ist so gewaltig, dass wir es nie ganz erforschen und verstehen können. Doch nicht nur das: Selbst hinter allem, was uns noch verborgen ist und wovon wir nur vermuten können, dass es existiert, gibt es und wird es immer noch eine ganze Menge anderer Dinge und Phänomene geben, die wir nicht einmal erahnen. Das Erstaunlichste dabei ist, dass alles aus einem einzigen Punkt, der Urquelle, entstand. Welche Fülle, welche Kraft, welche Schönheit, welches Wissen, was für ein universelles Bewusstsein muss das sein, das all das hervorgebracht hat und von einem Punkt ausgehend jetzt überall ist.

Nach dem metaphysischen Prinzip »wie oben, so unten« sind wir Menschen ein Abbild dieses kosmischen Schöpfungspotenzials, ein »Ebenbild Gottes«. Dein Körper mit seinen mehreren Billiarden Zellen, in denen in jedem Moment Tausende chemischer Prozesse geschehen, mit seinen Organen, die alle miteinander kommunizieren und auf ein einziges Ziel hin abgestimmt sind – nämlich, dass du lebst und deine Bedeutung erkennst –, deine Fähigkeit, zu denken und zu lieben, die Tatsache, dass du von Bewusstsein durchdrungen bist, und vieles mehr: All das ist das Abbild eines einzigen großen Wunders.

Als Spirit kommen wir, ebenfalls nur als ein winziger Punkt, hier an, gehen in einen Körper hinein, und alles, was wir brauchen, ist da. Solange wir noch nicht selbst essen können, werden wir gefüttert. Unser ganzes Leben hindurch besteht grundsätzlich die Möglichkeit, alles zu bekommen, was wir zum Leben benötigen. Die Natur gibt es uns. Für alles und jeden ist zunächst gesorgt, denn wie eine liebevolle Mutter behütet die Erde, behütet die Natur all ihre Geschöpfe. Kein Lebewesen muss irgendetwas erzeugen, und auch der Mensch wandelt nur das entsprechend seinen Bedürfnissen um, was er vorfindet. Diese Erde ist ein einziges Paradies – eine Fülle, die wir bewahren wollen – mit weiten Tälern, Savannen, Gebirgen, dichten Urwäldern, reichen Meeren, Sand- und Eiswüsten, Tausenden verschiedenen Tierarten, deren Gesänge und Rufe das Herz erfreuen, voll duftender, in allen Farben blühender Pflanzen, die dich und deine Freunde heilen könnten.

In der Welt des 21. Jahrhunderts gibt es Wissen in Hülle und Fülle. Das Internet ermöglicht es uns, Informationen zu erhalten, die uns noch vor wenigen Jahren vollkommen verborgen geblieben wären. Millionen Menschen haben uns all ihre Erfahrungen, ihre Erkenntnisse und ihr Wissen hinterlassen, sodass wir auf ein reiches Erbe blicken. Grundsätzlich hast du heute die Möglichkeit, alles zu lernen und alles zu erreichen, was du möchtest. Nie zuvor in der Geschichte besaß der Mensch eine solche Freiheit. Tja, wäre da nur nicht die zeitweilige Tendenz, dass man mit seinen Möglichkeiten gar nichts anzufangen weiß, wären da nicht die Gier, die Ausbeutung, die Gewalt – all das geistige Erbe der Barbarei und der tiefen Unwissenheit –, so lebte die Menschheit mit sich selbst, den Tieren, den Pflanzen und der gesamten Natur in Frieden und Harmonie: in spiritueller und materieller Fülle.

Für alles und jeden ist zunächst gesorgt, denn wie eine liebevolle Mutter behütet die Erde, behütet die Natur all ihre Geschöpfe.

Die Fülle übersehen oder wie der Fluss versiegt

Reichtum, Gesundheit und Verbundenheit sind der Urzustand dieses Planeten. Und all der Mangel, der Hunger, das Leid und die Zivilisationskrankheiten existieren nur, weil der Mensch sich selbst und die Natur zu hassen scheint – denn was man liebt, das zerstört man doch nicht! Aber die Wälder werden gerodet, Tiere ermordet, mit Ernteerträgen wird spekuliert, und Lebensmittel werden vernichtet, um die Preise stabil zu halten. Was verkehrt und dumm ist, nämlich, den Boden, das Wasser und die Luft zu vergiften, gilt als normal und klug. So haben wir uns in einer Art Wahn von der Liebe und dem Leben abgewendet. Es scheint, als hätten wir die Verbundenheit und damit die spirituelle Fülle, unseren tieferen Reichtum verloren. Lass uns das ändern, du und ich! Jeder für sich heilt sein Herz und versucht, die Veränderung zu sein, die wir in der Welt sehen wollen.

Den Grund dafür, dass wir das Paradies und den Reichtum in uns und um uns herum so selten wahrnehmen und wertschätzen, nenne ich das Goldfisch-Phänomen. Der Goldfisch lebt im Wasser, er trinkt es, er atmet es, er schwimmt darin, und weil er völlig von diesem Element umgeben ist, nimmt er es gar nicht wahr. Erst wenn der Goldfisch durch ein Unglück auf dem Trockenen landet, wird er der Fülle, die ihn umgab, gewahr. Wie der Goldfisch habe ich zum Beispiel meine Gesundheit erst schätzen gelernt, als ich dachte, ich müsse sterben, und mit Geld lernte ich umzugehen, nachdem ich es verloren hatte. Es scheint zum Menschsein zu gehören, mehr aus negativen Erfahrungen zu lernen als aus positiven. Ja, was wehtat, wird erinnert, doch wollen wir uns wirklich erst in einer kargen Zukunft an die Fülle erinnern? Ist ein Leben ohne Artenvielfalt, in Monokulturen und kulturellem Einheitsbrei erstrebenswert? Der Goldfisch lehrt uns, das zu schätzen, was ist.

Die alten Hawaiianer sagten *Wai Wai,* »großes fließendes Wasser«, und meinten damit die Palmen und anderen Bäume, die Früchte und Nüsse geben, und das Meer, das reich an Fisch als Nahrung ist und an Perlen, mit denen man sich schmücken kann. Es gibt viele Freunde, und wenn man sich gut bewegt, reichlich tanzt und lacht, dann bleibt man bis ins hohe Alter fit und gesund. In jeder Banane, in jeder Tomate, in jeder Blume stecken unzählige kleinste Samen für unzählig viele neue Pflanzen, und all diese Vielfalt ist ein Zeichen dafür, dass uns das Leben liebt. Wenn es zu einem Ernteausfall kam, die Netze leer blieben oder es untereinander einen Streit gab, machte man ein *Ho'oponopono,* um die Dinge wieder geradezurücken und in die kosmische Ordnung zu stellen. Man fragte sich, wann man sich respektlos gegenüber dem Land, dem Meer, den Fischen, den Naturwesen verhalten hatte, sodass der Fluss des universellen Reichtums und der Erhaltung abgerissen war. Wen hatte man beleidigt? Welche Pflanzen oder Tiere hatte man missachtet, bei welcher Gelegenheit hatte man einfach etwas genommen, ohne zu fragen, ohne sich zu bedanken und – sich deshalb wie ein Dieb verhalten?

Wai Wai, der Strom der Gesundheit und des Reichtums, kann versiegen durch Missverständnisse und Fehlverhalten gegenüber dem heiligen Leben, gegenüber der Natur und ihren Wesen sowie den Naturgottheiten, gegenüber den Älteren und Ahnen, den Lehrern und schließlich durch innere Blockaden, Ängste, Sorgen und Zweifel. Es gibt viele Möglichkeiten, seinen spirituellen und materiellen Erfolg zu zerstören, und ich werde dir – soweit es der Umfang dieses Buches zulässt – die Zusammenhänge beschreiben. Ebenso gehen wir auf die sogenannten Selbstsabotage-Programme ein, die dir nicht erlauben, das Glück in deinem Leben zu erfahren.

Welche Fülle, welche Kraft, welche Schönheit, welches Wissen, was für ein universelles Bewusstsein muss das sein, das all das hervorgebracht hat und von einem Punkt ausgehend jetzt überall ist.

Das Programmieren auf Erfolg

Die Methode, mit der man die Fülle aktiviert, nennt man im *Huna Holopono. Holo* heißt »locker«, »leicht«, »entspannt«, »lebensfroh«, und *Pono* bedeutet »richtig«, »flexibel« und auch »barmherzig«. Du könntest *Holopono* also mit »locker und richtig«, »leicht und flexibel« oder »lebensfroh und barmherzig« übersetzen. Es bezeichnet das Programmieren auf Erfolg nach dem einfachen Prinzip, dass die Fülle, das Leben, die Energie, das Glück und die Gesundheit immer dort fließen, wo es keine Verspannungen gibt, wo der Weg offen ist und günstig zur Entfaltung, und dort, wo man sie willkommen heißt. Mit dem Wort »Verspannungen« meinen wir alle energetischen Blockaden sowohl in deinem Körper als auch in deinem Geist, die infolge eines Unrechts, eines Streits, Sorgen, negativer Emotionen, eines Traumas, einer frühkindlichen Verletzung, eines Unfalls oder einer Vergiftung usw. entstanden sind. Wir werden dieses Thema in den nächsten Kapiteln beleuchten, weshalb hier drei Beispiele genügen sollen: Berufung, Gesundheit und Beziehungen.

Leicht und locker, sich ohne Anstrengung zu entfalten, gesund zu sein, einen Partner zu finden und seinen Beitrag für das Wohl des Ganzen zu leisten, all das ist natürlich: Es ist der Weg der Natur und des Lebens.

Der zarte Löwenzahn wächst ohne Kraftanstrengung durch den harten Asphalt und öffnet seine Blüte der Welt. Es ist seine Bestimmung, das zu tun. Ein Eichhörnchen kann Tausende von Nüssen vergraben, um einige im Winter zu essen und mit dem Rest den Wald aufzuforsten. So erfüllen jedes Tier und jede Pflanze einen kosmischen Plan im Auftrag Gottes. Kein Tiger in freier Wildbahn leidet unter Minderwertigkeitskomplexen. Er benötigt weder Nahrungsergänzungsmittel noch ein Motivationstraining. Es braucht weder Kaffee, um seinen Geist aufzuklaren, noch Affirmationen, um sein Selbstvertrauen zu stärken. Sein Recken und Strecken sind sein natürliches Gymnastikprogramm. Er folgt seiner Natur und findet auf seinem Lebensweg alles, was er braucht. Dies ist das Prinzip des Lebens, nämlich, uns mit allem zu versorgen, was wir benötigen.

In den romanischen Sprachen leiten sich die Wörter »facil« und »facile« (»leicht, einfach, umgänglich«) vom Lateinischen »facere« (»machen, tun«) ab. Das Handeln, wenn es der eigenen Natur entspricht, bereitet immer Freude – obwohl es manchmal mit Mühen und Entbehrungen verbunden ist. Schwierig, das heißt »deficile«, wird es erst, wenn man seinen Weg verlässt – denn dies führt zu einem »Defizit«.

Gesundheit findest du immer dort, wo die Menschen entspannt sind, glücklich, offen, wo Licht ist und sich das Leben im Gleichgewicht befindet. Im Gegensatz dazu steht der Stress, vor allem der Dauerstress. Viele Wissenschaftler und Mediziner, zum Beispiel Ben Johnson oder Bruce Lipton, sind zu der Überzeugung gelangt, dass Dauerstress die Ursache fast aller Krankheiten ist, weshalb auch die Meditation, das Yoga-Nidra und die Progressive Muskelentspannung immer häufiger zur Prävention empfohlen werden. Stress für deine Psyche sind zum Beispiel negative Gedanken, Sorgen, Traumata und destruktive Überzeugungen (z. B. »Ich muss durchhalten«). Stress für den Körper bzw. die Organe und die Zellen sind zum Beispiel Lärm, Elektrosmog, Handystrahlung, Umweltgifte und Toxine.

Gute Beziehungen findest du dort, wo man sich versteht, sich in einer Situation angemessen verhält und wo man sich sicher fühlt. Allen voran das Hinwegsehen über die kleinen Fehler und Unvollkommenheiten und die Wertschätzung sind Zeichen für echte Beziehungen. Schlechte Beziehungen entstehen unter anderem durch Missverständnisse und durch Fehlverhalten und zeichnen sich beispielsweise durch Rückzug, Bevormundung, Gängelung und Kritiksucht aus – eben allem, was Menschen verunsichert und deshalb Stress erzeugt. Stress bedingt wiederum Verspannungen und energetische Blockaden, und dadurch reißt der Strom der Fülle ab.

Grundsätzlich aktivieren wir das geistige Prinzip der Fülle *(Piha Pono Wai Wai)* durch *Holopono,* indem wir den Reichtum des Lebens einerseits für uns annehmen und ihn andererseits anderen gönnen. Diese beiden Punkte beschreiben *Holo* und *Pono,* also »leicht« und »anpassungsfähig«. Wenn du das, was für dich Fülle ist, einfach annehmen kannst, ohne Gewissensbisse oder Schuldgefühle zu haben, und zugleich allen anderen Erfolg und Gesundheit gönnst, bist du ganz entspannt, in Harmonie mit dir und dem Universum. Du bist glücklich und in der Fülle, von der nun noch mehr zu dir strömen kann. Wenn du auf der anderen Seite weder dir noch anderen etwas gönnst, ihnen etwas verweigerst, dein Leben, deinen Körper oder deine Fähigkeiten nicht wertschätzt und herunterspielst, alles als schwierig empfindest, dann bist du verkrampft und gestresst. Es entsteht dann ein sogenanntes Mangelbewusstsein, bestehend aus negativen Gedanken, destruktiven Überzeugungen und einschränkenden Glaubenssätzen in dir, mit denen du weitere Verluste erzeugst bzw. anziehst. All das kannst du mit zwei Wörtern zusammenfassen: Trennung und Angst. Auch hier wirkt das einfache Prinzip der Resonanz und von Ursache und Wirkung, nach dem alles, was du aussendest, auf dich zurückfällt.

Wenn du die beiden Punkte:

1. die Fülle annehmen und
2. die Fülle anderen gönnen

praktizierst, wird sich dein Leben in wundervoller Weise entfalten. Damit öffnest du dich dem Prinzip des Lebens und des Göttlichen, sich selbst und alles, was ist, anzunehmen, zu ehren und zu respektieren. Du schöpfst aus einer inneren Quelle, die niemals versiegt, und kannst mit dem, was du hast, das Leben bereichern: Ich nenne das Verbundenheit und Vertrauen. Mit diesen beiden einfachen Zutaten programmierst du dich auf Erfolg. Anders formuliert: Bringe dich einfach mit dem Leben, mit der Fülle in Harmonie. Sie strömt dorthin, wo man sich ihr öffnet. Das sieht man zum Beispiel am Geld, das meist dort zu finden ist, wo man es wertschätzt, und selten dort, wo man es für die Wurzel allen Übels hält.

Als Teile des Lebens und der spirituellen Urquelle sind wir alle miteinander verbunden – es gibt nichts außerhalb, nichts, was nicht der Urquelle entstammt. Unsere Aufgabe ist es, das zu erkennen, das Leben anzunehmen und es mit allem, was dazugehört, auch allen anderen zu gönnen. Indem wir uns selbst Wohlstand wünschen und unsere Fähigkeiten annehmen, indem wir anderen von Herzen Erfolg, Gesundheit und alles Gute wünschen – weil auch sie Teil des Göttlichen sind –, ehren wir uns selbst, ehren wir alle Mitgeschöpfe und damit das Leben an sich. Du kannst auch sagen, wir treten von der Trennung in die Einheit, von der Disharmonie in die Harmonie und vom Mangel in die Fülle.

Du schöpfst aus einer inneren Quelle,
die niemals versiegt, und kannst mit dem,
was du hast, das Leben bereichern.

Was *Holopono* blockiert: nicht annehmen können

Den größten Mangel in diesem Zusammenhang stellt dein Unglaube dar, dass du meinst, du hättest irgendetwas nicht verdient. Dieser Glaube an das Falsche – nämlich, dass du nicht wertvoll seist, unwürdig und unvollkommen – ist die Schranke, die du zwischen dich und das Leben gestellt hast. Versuchst du nun, aus dieser grundsätzlichen Fehlinterpretation deiner Existenz heraus, zu Liebe, guten Beziehungen, Wohlstand, Gesundheit usw. zu gelangen, gelingt das sogar – allerdings nur mit viel Kraftaufwand, und alles, was du erreichst, steht auf wackeligen Beinen. Sobald dich jemand an deine vermeintliche Wertlosigkeit erinnert, bricht etwas in dir zusammen, und du brauchst wieder eine Bestätigung von außen, die dir Wert gibt. So lautet das Mantra dieser Welt »mehr, mehr, mehr«, um damit das schwarze Loch im Herzen, das alles verschlingt, zu füllen.

Grundsätzlich sind Paare – sehen wir vom Einfluss der Hormone ab – zu Beginn ihrer Beziehung recht glücklich. Das hält an, so lange, bis einer der beiden in eine Wunde des anderen fasst und diesen an seine Wertlosigkeit erinnert. Autsch! Das aus der Kindheit mitgebrachte Programm wird aktiviert, der »rote Knopf« gedrückt, und die Reaktion sind Abwehr, Widerstand, Streit, Rückzug und – falls man dieses Spiel nicht durchschaut – die Trennung. Eine erfüllende Beziehung ergibt sich hingegen wie von selbst, wenn man den Paradigmenwechsel vollzieht und sich selbst endlich wertvoll statt wertlos fühlt. Dadurch zieht man Menschen an, die sich ebenfalls wertvoll fühlen. Nach dem Motto »Gleich und Gleich gesellt sich gern« trifft man in einer Partnerschaft immer Menschen, die sich entweder beide selbst lieben oder ablehnen. Wenn du im Geist locker bist und dir und anderen erlaubst, wertvoll zu sein, wird dein Leben wie von selbst an Fülle gewinnen.

Ob du den Reichtum, den dir das Leben anbietet, akzeptieren kannst, erkennst du zum Beispiel daran, wie du reagierst, wenn jemand dir Hilfe anbietet. Kannst du sie annehmen? Kannst du um Hilfe bitten, und glaubst du, grundlos Unterstützung zu verdienen? Hast du Angst, abgewiesen zu werden? Glaubst du, alles allein machen zu müssen, weil dir sowieso niemand beisteht und die Dinge dann eben auch erledigt werden? Kannst du delegieren, oder musst du nahezu zwanghaft alles selbst tun? Gehörst du zu jenen Menschen, die glauben, die anderen seien zu langsam, machten Fehler und seien nicht so akkurat wie du? Kannst du fremde Ideen annehmen, oder findest du eher das Haar in der Suppe? Wie fühlst du dich, wenn es einmal nicht nach deinem Willen läuft? Kannst du deine eigenen Fähigkeiten und Talente annehmen, oder glaubst du, sie seien nichts Besonderes? Wie reagierst du auf Komplimente? Entschuldigst du dich und würdigst deine Fähigkeiten, deine Kleidung und dein Aussehen herab, wenn jemand dich lobt? Kannst du eine Einladung ohne Wiedergutmachung annehmen? Erfreust du dich am Sonnenschein, ohne an ein Morgen zu denken? Kannst du dich über Regenwetter freuen und es der Erde und den Pflanzen bedingungslos gönnen?

Kannst du anderen Erfolg, zum Beispiel eine Beförderung, gönnen? Findest du, andere Menschen haben Sozialleistungen verdient? Lässt du Menschen den Weg auf der Straße, oder bestehst du darauf, dass sie dir Platz machen? Gönnst du anderen einen Parkplatz, auch wenn sie zwei Buchten mit ihrem Auto blockieren? Gestehst du einem Bettler oder einer Obdachlosen einen Ort des Rückzugs zu – im Park, unter der Brücke oder in der Fußgängerzone –, oder fühlst du dich unwohl? Findest du, Politiker, Schauspielerinnen und Fußballer haben ihre Diäten, Gagen, Honorare und Ablösesummen verdient? Gönnst du den Tieren in den Mastfarmen, den Kuhmüttern und ihren Kälbern, den Schweinemüttern und Ferkeln, den Hühnern und allen anderen das Recht auf Leben? Würdest du Affen, die mit dir genetisch nahezu identisch sind, Menschenrechte zugestehen? Räumst du anderen, zum Beispiel Politikerinnen, Kollegen, der Kirche, dem Staat und der Nachbarin, das Recht ein, einen Fehler zu machen?

Du siehst, wir sprechen hier nicht über irgendein Prinzip in einem weiteren Selbsthilfebuch, sondern ich möchte mit dir einen Schritt weitergehen, weil ich mir sicher bin, du bist reif dafür. Wenn wir über die Fülle reden, dann müssen wir auch über den Tellerrand hinausblicken. Das Gesetz der Fülle

– *Piha Pono Wai Wai* – wird aktiviert, wenn du die Fülle für dich und andere – Menschen, Tiere, Pflanzen und die ganze Natur – vollständig akzeptierst.

Stellen wir eine besondere Frage bzw. lass uns das Gesagte einmal infrage stellen: Hat jeder alles verdient, was er hat, oder ist das Leben ungerecht? Ist es das Leben, wie diffus dieser Begriff auch ist, das zu dir unfair ist, oder sind es Menschen, die sich in ihrer Unwissenheit unfair verhalten? Gibt es ein Schicksal, das sein Füllhorn nur über wenige ausschüttet und andere leer ausgehen lässt, oder beeinflussen dies Menschen? Arbeitet jeder individuell an seinem Schicksal, oder wirken wir als Gruppe, als Kollektiv auf die Welt, indem wir eine Art Bewusstseinsfeld erzeugen? Als Forscher der inneren Wissenschaften stellen wir viele Fragen, denn erst damit beginnt der Prozess des Denkens und entsteht wirkliche Erkenntnis – wenn du nämlich die Antworten auf die Fragen deines Lebens suchst und selbst findest.

Diejenigen, die in das Geheimnis eingetaucht sind, haben erkannt, dass die Fülle immer gegenwärtig ist und das Einzige, was ihr entgegensteht, sie selbst sind. Man sagt, der Glaube könne Berge versetzen, doch es sind gerade die inneren Berge, die uns den Blick versperren. Es sind die einschränkenden Glaubenssätze, die uns bremsen. Als Kollektiv erschaffen wir den Welthunger, die Kriege und die Umweltverschmutzung, und als Individuum reisen Menschen wie mit angezogener Handbremse durchs Leben und wundern sich, dass es nicht vorangeht. Um das zu ändern, arbeiten wir im *Huna* mit verschiedenen Reinigungstechniken, Methoden wie *Ho'oponopono,* um all das aufzulösen, was uns seelisch und geistig einschränkt. Nichts anderes versuchen die westliche und die östliche Psychologie, die unterschiedlichen Schulen der psychologischen Therapien, des Yoga und der Ayurveda-Psychologie.

Was die Fülle aktiviert: gönnen

Im *Huna,* den *Kahuna*-Wissenschaften, wie ich es nenne, gibt es eine Formel des Manifestierens: »Segne, was du haben willst.« Nun, ich bin Steinbock, und von Menschen dieses Sternzeichens sagt man allgemein, sie seien praktisch. Ob man nun an Astrologie glaubt oder nicht – ich bin ein praktischer Mensch, und als ich von dieser Formel hörte, wollte ich sie ausprobieren. Das Segnen hat seit Jahrtausenden erprobte Methodiken, Regeln, Mudras – das heißt spezielle Hand- und Fingerstellungen, um die Energie zu lenken – und schließlich Segensformeln.* Als ich mein erstes Buch schrieb, habe ich deshalb immer und immer wieder einen bekannten Buchautor gesegnet und bewundert. Ich gönnte ihm von ganzem Herzen seinen Erfolg. Ich erinnere mich genau, wie wir uns bei einer Festlichkeit begegneten und ich ihn spontan fragte, wie er so viele Bücher schreiben könne. »Wie machst du das?«, fragte ich ihn. Er gab mir nur einen einzigen Satz zur Antwort, und weil er ja der Experte war, folgte ich seinem Rat – bis heute mit Erfolg. Ich nenne das »F. o. c. u. s. – Follow one course until success« (»Folge einem Weg bis zum Erfolg«).

Du kannst an diesem Beispiel zwei wichtige Prinzipien erkennen:

Erstens siehst du das Wirken des Prinzips von Ursache und Wirkung, das Menschen so häufig vernachlässigen oder schlicht ignorieren. Wenn du das tust, was erfolgreiche Menschen tun, dann wirst du mit großer Wahrscheinlichkeit ebenfalls erfolgreich sein, denn wir ernten immer, was wir säen.

Und zweitens: »Meide Neid und Kritik wie die Pest.« Menschen sind in dieser Welt oft auf andere eifersüchtig, kritisieren sie und wundern sich, dass es bei ihnen selbst nicht vorwärtsgeht. Wäre ich auf diesen Autor neidisch gewesen, hätte ich ihn in Gedanken kritisiert und seine Leistungen heruntergeredet, dann hätte ich seinen Rat möglicherweise nicht annehmen können bzw. gar nicht verstanden, weil mein Unterbewusstsein es abgelehnt hätte, mitzuarbeiten. Neid und Kritik bauen eine Art neurologische

* Mehr dazu in meinem Buch *Kūkulu Kumuhana. Das Wunder der Segnung.* Kailash, München 2014.

Schranke auf. Ja, vielleicht wäre ich ihm gar nicht begegnet. Wie man sagt: Wenn der Schüler bereit ist, erscheint der Lehrer.

Ein mit dieser Regel verwandtes *Huna*-Prinzip lautet: »Alles, was wir ablehnen, können wir nicht haben.« Wenn du zum Beispiel materiell wohlhabende Menschen abwertest, sie beneidest und ihnen ihren Wohlstand missgönnst, dann wertet dein Unterbewusstsein diese Form von Reichtum als etwas, was in deinem Leben nicht wünschenswert ist. Folgerichtig wird dich dein inneres Navigationssystem brav in einem weiten Bogen um all die großartigen Gelegenheiten herumführen, die dich reich machen könnten. Zwar kannst du – das heißt dein Wachbewusstsein – dir immer wieder sagen, dass du gern in finanzieller Unabhängigkeit leben möchtest, doch es wird dich viel Mühe kosten, das zu erreichen. Es ist dann, als müsstest du gegen einen Strom anschwimmen, denn einerseits gibt es den Glaubenssatz in dir, dass materielle Freuden nichts für dich sind, und andererseits willst du sie doch. Du, das heißt dein Wachbewusstsein, und dein Unterbewusstsein sind wie zwei Persönlichkeitsanteile, die nun in verschiedene Richtungen rennen, während sie an einem Tau ziehen. In dir findet eine Art Zerreißprobe statt, ein Wertekonflikt, und da dein Unterbewusstsein mit fünfundneunzig Prozent der Anteile die Majorität an deinem Gesamtdenken hält, wird es gewinnen. Mit Kraftaufwand und großer Anstrengung geht es vielleicht einmal aufwärts im Leben, doch wie aus heiterem Himmel wirst du dein Geld oder deine Firma verlieren oder verspielen.

All deine Wünsche, deine Affirmationen, dein Denken usw. müssen deshalb aus der Tiefe deines Herzens kommen. In der Tradition des *Huna* sagt man: Du, das heißt dein Wachbewusstsein *(Uhane),* musst dein Inneres Kind *(Unihipili)* überzeugen bzw. sanft erziehen, damit es die Verbindung zum Höheren Selbst *(Aumakua),* dem kosmischen Bewusstsein, aktiviert und der Regen des Segens *(Le Le Akua La)* – das, was du dir wünschst – auf dich niederfällt.

Wer als unglücklicher Single glückliche Paare beneidet, wird keine glückliche Partnerschaft manifestieren, denn der Befehl, den er ans Innere Kind bzw. ans Unterbewusstsein und ans Universum schickt, lautet: »Ich mag keine glücklichen Paare.« Mit diesem Gedankenmuster zieht man bestenfalls Menschen an, die ähnlich denken. Wer reiche Menschen beneidet, kann nicht reich werden, und wer anderen den Erfolg missgönnt, wird mittelmäßig bleiben. Bringe dich deshalb mit dem Leben – dem ganz großen Gönner – selbst in Einklang, und wünsche allen Menschen Wohlstand, Freude, Glück, Liebe, Gesundheit, Lachen, Urlaub, Raum und Frieden. Genau das wünscht dir nämlich auch das Leben. Erlaube deinem Herzen nicht, sich dem Neid, dem Hass oder der Eifersucht zu öffnen, sondern gönne und segne. Gestehe anderen Menschen wundervolle, erfüllte Beziehungen zu, Gesundheit und Heilung. Gönne ihnen die Heilung ihrer Herzen und Glück, Wohlstand und Frieden. Werde eine Gönnerin bzw. ein Gönner des Lebens. Arbeite mit dem Leben *locker, aber richtig* zusammen.

Wenn du im Geist locker bist
und dir und anderen erlaubst,
wertvoll zu sein, wird dein Leben
wie von selbst an Fülle gewinnen.

Die wichtigste Anweisung in diesem Buch

Probiere vor allem aus, was ich berichte. Fange dort an, wo du stehst. Dies ist ein Praxisbuch, und es zu lesen, stellt den einen wichtigen, theoretischen Teil dar. Mit Wissen allein kommst du allerdings nicht weit. Wäre das ausreichend, dann wären alle Bibliothekare Millionäre. Wie viele Menschen, die nur wenig wissen, sind andererseits enorm erfolgreich geworden? Der Grund ist, dass sie das wenige auch anwenden. Du brauchst folglich beides: Wissen und Weisheit, das heißt theoretische Grundlagen und Erfahrung. Prüfe, was ich schreibe, in deinem Leben auf seine Richtigkeit. Weil ich weiß, dass Bilder oft mehr sagen als tausend Worte, habe ich für dich verschiedene Videos auf meiner Webseite holopono.de zusammengestellt.

Das ABC des *Huna* sind sieben einfache Lebensweisheiten, die du mit Erfolg auf jeden Bereich deines Lebens anwenden kannst. Diese Grundregeln für ein erfülltes Leben werden wir in den folgenden Kapiteln im Hinblick auf *Holopono* anzuwenden lernen.

1. *Ike:* Deine Welt ist subjektiv
2. *Makia:* Die Energie folgt deiner Aufmerksamkeit
3. *Kala:* Es gibt keine Grenzen
4. *Manawa:* Im Hier und Jetzt liegt die Kraft
5. *Mana:* Deine Energie kommt aus deinem Herzen
6. *Aloha:* Liebe ist die größte Kraft im Universum
7. *Pono:* Mit Flexibilität zum Ziel

Jeder erschafft seine eigene Welt.
Beginne dort, wo du stehst, und wachse,
bis es nicht mehr weitergeht.
Versuche, mit den Augen deines Gegenübers zu sehen.
Schaue mit den Augen der Liebe, und verstehe,
wo du und wo die anderen stehen.
(Ike)

Jeder erschafft seine eigene Welt

Ike – Die Welt ist subjektiv

In diesem Kapitel schauen wir uns die erste der sieben *Huna*-Weisheiten an, mit der du einen weiteren wichtigen Schritt dahin machst, deine Welt in einen Ort der Fülle zu verwandeln. Außerdem lernst du eine Methode kennen, mit der du Kritik überwinden, gute Beziehungen aufbauen und nach und nach dein Leben verbessern kannst.

Die Übersetzung des Wortes *Ike* lautet »Sichtweise, Blick, Wahrnehmung«, und das damit verbundene Energieprinzip heißt: »Die Welt ist subjektiv.« *Ike* bildet die Basis und erste Stufe einer Art Erkenntnispyramide. Es fordert dich auf, um dich herum und vor allem in dich hineinzublicken und dich dann zu fragen, mit welchen Augen du dich selbst und die Welt siehst. Kannst du die Fülle in dir und in der Welt erkennen? Wie nimmst du deinen Körper, deine Beziehungen, dein soziales Umfeld, deine finanzielle Situation, dein gesamtes Leben wahr? Wenn du aufmerksam bist, dann rufen diese Fragen in dir Emotionen und Gefühle hervor, die dir exakt anzeigen, wo du dich gerade befindest. Ich bezeichne unsere Gefühle gern als einen Kompass der Seele, denn sie sagen uns einerseits, wo wir stehen, und zeigen uns andererseits die Richtung an, in die wir gerade navigieren. Änderst du deine Gefühle, ändert sich dein Weg. Grundsätzlich sprechen wir von zwei möglichen Wegen, nämlich, uns vom Schmerz weg-, und, uns zur Freude hinzubewegen. Die beiden führen allerdings nicht unbedingt in dieselbe Richtung, und viele Menschen verwechseln sie ab und an miteinander. Finde deshalb zunächst heraus, welche Aspekte in deinem Leben sich leicht und frei, welche sich bedrohlich anfühlen und wo du möglicherweise gar nicht hinschauen möchtest.

Standortbestimmung

Als Coaching-Anleitung ist *Ike* zunächst die klare Standortbestimmung, wie sie alle erfolgreichen Menschen machen, wenn es heißt, in neue Gewässer aufzubrechen. Die alten Philosophen hielten ein Leben ohne Selbstreflexion für – gelinde gesagt – recht bedenklich, da man dann einem Stück Treibholz auf offenem Meer gliche. Ähnlich einer ganz persönlichen Anamnese untersuchen wir deshalb, wo wir physisch und psychisch, gesundheitlich, beruflich, familiär, sozial, finanziell usw. stehen. Wir schauen auf sämtliche Bereiche unseres Lebens und ziehen Bilanz: Wo befinden wir uns auf diesem Ozean, welche Strömungen haben uns möglicherweise erfasst? Wo ist unser Leben im Fluss und wo eben nicht? Spüre in dich hinein, und notiere, was passiert, wenn du auf verschiedene Bereiche deines Lebens blickst – zum Beispiel Körper, Gesundheit, Vitalität, Familie, Freundschaften, Sexualität, Geld, Wohnung, Beruf, Berufung, Lebenssinn, Alter.

Genauso, wie ein Navigationsgerät im Auto deinen Standort erkennen muss, um den schnellsten, kürzesten oder effektivsten Weg zu deinem Ziel berechnen zu können, so beginnt auch deine Reise zur Fülle und durch die sieben Energieprinzipien des *Huna* mit deiner möglichst objektiven Bestimmung des Status quo – auch wenn das wehtut. Wenn du von einem Punkt A nach Punkt B willst, musst du immer wissen, von wo du startest, gleichgültig, ob es dabei um eine Städtetour, einen Hauskauf oder um den Aufbau eines Geschäftes geht. Um eine Krankheit effektiv zu behandeln, braucht man eine gute Diagnose. Mit anderen Worten: Nur ein Problem, das wir kennen, können wir auch überwinden. Weil wir unser wertvolles Leben nicht nach dem Prinzip der Lottozahlen ausrichten wollen, fragen wir uns als Erstes, wie es um uns steht und ob und wie wir die Fülle des Lebens wahrnehmen können.

Kein Mensch gleicht einem anderen. Wir leben in einem meist weiblichen oder männlichen Körper, und jeder bringt seine persönliche Geschichte mit in die Welt. Wenn man sich zum Beispiel intensiv mit seinem weiblichen oder männlichen Körper identifiziert, dann lebt man auch eine Reihe geschlechtsspezifischer Glaubenssätze aus, die das Leben und das grundsätzliche Potenzial begrenzen. Als Mann hätte man möglicherweise Schwierigkeiten, über seine Gefühle zu sprechen, und als Frau glaubte frau vielleicht, einem bestimmten Schönheitsideal entsprechen zu müssen, wie es in der Werbung vermittelt wird oder es der Bekanntenkreis erwartet. In einem solchen Fall definiert dieser Mensch seinen Selbstwert durch das Aussehen, durch ein Image, durch ein Fremdbild oder durch Leistung – und weil er dann von der Meinung anderer abhängig ist, lebt er nicht das eigene, sondern im Grunde ein fremdes Leben. Frage dich deshalb, wo und wie du aufgewachsen bist und welcher Zeitgeist dich geprägt hat. Welche Glaubenssätze lebten deine Eltern dir vor, und was glaubst du, was dein Umfeld heute von dir erwartet und fordert?

Sowohl unser Geschlecht, unsere Konstitution und unser Typus als auch unsere Werte und Bedürfnisse, unsere Erfahrungen und Verletzungen als auch unsere Tagesform und Stimmung, die Einflüsse des sozialen Umfelds und der Umwelt (zum Beispiel Lärm, Kunstlicht, Luftverschmutzung und Elektrosmog) beeinflussen, was wir wahrnehmen und wie wir denken. Last but not least sind wir tief verbunden mit der Geschichte, den Überzeugungen und Programmen unserer Ahnen. Das Schulsystem tat in einer entscheidenden Phase unseres Lebens ein Übriges, und nicht zu vergessen ist das Gesamtbewusstseinsfeld der Menschheit. All diese Faktoren beeinflussen, was wir glauben, zu sein, und wirken wie eine mehrfach getönte Brille. Diese Filterbrille verzerrt unsere Sicht auf die Wirklichkeit, sie fügt Dinge hinzu, interpretiert, verallgemeinert und blendet vieles auch einfach aus. Dort draußen, außerhalb von uns, gibt es im Grunde nur Informationen bzw. Impulse, und unser Gehirn baut daraus entsprechend seinen Möglichkeiten und seiner Konditionierung eine eigene Welt. Die Möglichkeiten des Gehirns können auch zum Beispiel durch Fehlernährung, Drogen oder Krankheit eingeschränkt oder verändert sein, während sich der Begriff »Konditionierung« auf alle Erfahrungen bezieht, die das Denken formen.

Die Wahrnehmung der eigenen Möglichkeiten

In unserem kleinen individuellen Universum gibt es immer drei Dinge, nämlich:

1. uns,
2. unseren Blick und
3. das Objekt, auf das wir schauen.

Es existieren also der Sehende – wir selbst –, das Gehirn als Werkzeug – unsere Brille – und das, was gesehen wird – die Welt außerhalb von uns. Zwei dieser Faktoren der Wahrnehmung gehören nicht zum Objekt, nämlich wir selbst und unsere Wahrnehmung. Wenn jemand beispielsweise nicht hören kann, existiert deshalb keine Musik? Selbstverständlich gibt es Musik. Und wenn jemand die Einzigartigkeit seiner Talente und Fähigkeiten nicht sehen kann, liegt das dann an seinem Blick oder an seinen Fähigkeiten? Richtig, es liegt darin begründet, dass er seine wertvollen Gaben unterschätzt. Ob es sich um seltene Antiquitäten handelt, die unbeachtet verschrottet wurden, um Lebensmittel, die weggeworfen wurden, während andere hungern, oder um ungenutzte Möglichkeiten – es ist ein Problem der Wahrnehmung.

Ein erfülltes Leben ergibt sich immer aus dem Sinn, den wir unserem Leben selbst geben – ganz subjektiv.

Die Hauptrolle im Film deines Lebens

Die Stanford University hat herausgefunden, dass der Mensch im 21. Jahrhundert mehr Fähigkeiten besitzt, als er in einhundert Leben ausformen könnte. Welch ein Reichtum! Trotzdem ist Fülle für uns nur das, wofür wir sie halten: Unsere Fähigkeiten sind das, wofür wir sie halten, unsere Beziehungen sind das, wofür wir sie halten, Geld ist das, wofür wir es halten, und unsere Gesundheit ist das, wofür wir sie halten. Mit deinen Überzeugungen als Standort und deiner Wahrnehmung und deinem Denken kreierst du nach und nach, in einer Kette von Ursachen und Wirkungen, all deine Lebensumstände. Du bist das, was du glaubst zu sein, und mit dieser Erwartungshaltung – verpackt als Wahrheit, die in Wahrheit eine Illusion ist – betrittst du Tag für Tag aufs Neue die Bühne deines Lebens. Als Hauptdarstellerin oder Hauptdarsteller im Film deines Lebens bist du allein dafür verantwortlich, deine Rolle mit Erfolg zu spielen.

Wie du bemerkst, ist das *Huna*-Prinzip *Ike* nur bedingt eine Bezeichnung für unsere Wahrnehmung der Welt, sondern eher für unsere Selbstwahrnehmung. Frage dich deshalb, wie du dich selbst siehst, was du glaubst zu sein. Womit oder mit wem vergleichst du dich? Wie viel Respekt und Selbstachtung bringst du dir Tag für Tag entgegen? Fühlst du dich eher wertvoll oder wertlos? Was hast du deiner Meinung nach verdient, und was hast du auf keinen Fall verdient? Ja, glaubst du überhaupt, dass dir ein glückliches Leben in Wohlstand, in Liebe und Gesundheit zusteht? Wer bist du wirklich, und was glaubst du nur zu sein?

Damit berühren wir sofort die großen philosophischen Fragen: »Wer bin ich? Wo komme ich her, und wohin gehe ich? Was ist meine Bestimmung?« Ohne Antworten auf diese essenziellen Fragen bleibt ein Leben unerfüllt, eine vielleicht angenehme, doch oberflächliche Erfahrung. Viele Menschen sind zwar reich gesegnet, doch unglücklich, weil die wahre Fülle im Innern beginnt, in einem Erfüllt-Sein, in Erfüllung und Sinnhaftigkeit, die daraus entstehen, dass du dich reich siehst, dass du also weißt, dass du reich gesegnet bist – ganz gleich, wo du gerade stehst. Ein erfülltes Leben ergibt sich immer aus dem Sinn, den wir unserem Leben selbst geben – ganz subjektiv. Und ich weiß, dass du ihn finden wirst, denn wir finden immer, was wir wirklich suchen.

Deine Fähigkeiten

Weißt du, was du alles kannst? Möglicherweise übersiehst du eine Menge Fähigkeiten und Reichtum, weil du all das für gewöhnlich hältst. Nimm deshalb ein Notizbuch zur Hand, und schreibe nach und nach eine Liste, die einhundert (nicht weniger) oder mehr deiner Fähigkeiten und Talente enthält.

Als Hauptdarstellerin oder Hauptdarsteller im Film deines Lebens bist du allein dafür verantwortlich, deine Rolle mit Erfolg zu spielen.

Die Fülle der anderen Meinung

Standpunkte sind wie Meinungen, nämlich etwas, was sich ändert wie die Mode. Wir bewegen uns durch Raum und Zeit, und während wir unseren Blickwinkel ändern, vielleicht unseren Horizont erweitern, verändern sich scheinbar auch die Dinge. Früher wurden beispielsweise Flicken auf ein Loch in der Hose genäht, und heute kann man gleich eine löchrige Hose kaufen – nicht, um die Flickenindustrie zu subventionieren, sondern, weil das gerade schick ist. Damals waren Löcher in der Kleidung Zeichen harter Arbeit, und ich musste mir als Jungendlicher zu Hause viel anhören, wenn ich eine Jeans zerschlissen hatte – heute werden sie teuer bezahlt. Was jetzt noch abstoßend wirkt, kann morgen schon salonfähig sein. Eine Meinung und eine Wirklichkeit sind etwas, was in dir ist. Das Wort »Meinung« entstand ursprünglich aus dem Sanskritbegriff *Manaha* – »Geist, Denken, Verstand«, den du auch im englischen *mind,* im lateinischen *mens* sowie in vielen anderen Sprachen und sogar im hawaiianischen *Mana* (»Energie«) findest.

Dein Denken ist eine Energie, die Wirklichkeit erschafft. Eine Meinung ist subjektiv wie die Wirklichkeit, die nur zeigt, wie etwas auf uns wirkt. Denn da draußen, außerhalb von uns, gibt es eine Realität, aus der unser Gehirn entsprechend seiner Konditionierung etwas formt. Stelle dir einen Hund vor, der sprechen kann und der mit dir in Streit gerät, weil du einfach nicht verstehst, dass dein Freund vor drei Stunden die Straße hier hinunterging. Der Hund kann ihn noch riechen, aber du kannst ihn nicht sehen. Für Hunde formt sich die Wirklichkeit primär aus den Informationen des Geruchssinns, manche Tiere orientieren sich an magnetischen Linien, und für uns Menschen besteht die Welt vor allem aus Bildern – weshalb wir den irrwitzigen Spruch haben »Ich glaube nur, was ich sehe«. Jeder formt seine Welt aus seinem Denken heraus. Daher frage ich dich noch einmal: Was denkst du über dich? Was hast du verdient, und was hast du nicht verdient? Was kannst du nicht annehmen, und was gönnst du dir selbst nicht?

Wie du Kritik überwindest

Wenn du dich von den Äußerungen eines anderen gekränkt fühlst, wertlos, nicht respektiert, verurteilt und falsch verstanden, dann kann das zwei Gründe haben: Erstens nimmst du seine Meinung als deine Wahrheit an, das heißt, du wechselst von deinem Standpunkt hinüber auf seinen Standpunkt. Oder, zweitens, hast du vorher schon gedacht, du seist nicht okay, und nun wird deine Überzeugung nur bestätigt – auch das schmerzt bitterlich.

Wie dem auch sei, in der Psychologie wissen wir heute, dass Menschen, die immer wieder dazu neigen, an anderen herumzunörgeln, nur mit sich selbst unzufrieden (im Mangel) sind. Wenn du das weißt, kannst du gegenüber Kritik *Holo,* locker, und in der Fülle bleiben, denn dieser Mensch zeigt mit seinem Verhalten nur dir und der Welt, wo er steht und wie er mit sich selbst spricht. Weil sich gewohnheitsmäßige Nörgler und Kritikerinnen im Mangel fühlen, kennen sie auch nur die eine Möglichkeit, dieses Ungleichgewicht zu lösen, nämlich andere Menschen ebenfalls auf ihre Mangelebene herunterzuziehen. Im *Ho'oponopono* nutzen wir eine solche Situation, um etwas in uns zu heilen. In jeder Nörglerin und jedem Kritiker finden wir einen Spiegel, um zu überprüfen, ob wir uns immer noch selbst kritisieren oder uns schon vollständig annehmen können. Wenn du dich selbst mit all deinen Schwächen und all deinen Stärken wertschätzen kannst und gleichzeitig akzeptierst, dass es immer noch Potenzial zur Entwicklung gibt, dann bist du in der Fülle.

Wenn andere unruhig werden,
kannst du in die Tiefe deines Herzens tauchen
und den Ort der Wahrheit aufsuchen.

Reichtum durch Verstehen

Um die Fülle ins Leben fließen zu lassen, empfiehlt *Huna* auf der ersten Stufe *Ike*,

1. uns selbst zu verstehen,
2. zu akzeptieren, dass andere Menschen einen anderen Standort haben, und
3. diesen Standort zu erkunden.

Als Beobachterin bzw. Beobachter, als jemand, der um seine eigene spirituelle Entwicklung bemüht ist, hast du die Möglichkeit, zu innerer Ruhe zu kommen und wie die großen Wale unbeeindruckt zu bleiben, wenn es an der Oberfläche stürmt. Wenn andere unruhig werden, kannst du in die Tiefe deines Herzens tauchen und den Ort der Wahrheit aufsuchen. Das Prinzip *Ike* hilft dir, zu üben, durch die Brille anderer zu schauen, um zu erkennen, wie diese sich selbst sehen und welche Bedürfnisse sie haben, das heißt, in welche Richtung sie sich immer und immer wieder bewegen. Als grundsätzlich zielorientiert (teleologisch) handelnde Wesen bewegen wir uns nämlich dorthin, wo wir glauben, dass unsere Werte und Bedürfnisse erfüllt werden, wo wir Freude erwarten, und von dort weg, wo wir einen emotionalen Schmerz vermuten.

Sich selbst und andere zu verstehen, ist die Grundvoraussetzung für ein harmonisches Zusammenleben und für Kommunikation. Man nennt das in der Verkaufspsychologie den Rapport, und es ist der Ansatz jeglicher Familientherapie, denn um verstanden zu werden, müssen wir zunächst lernen, den anderen zu verstehen. Alles in dieser Welt steht zu allem anderen in irgendeiner Beziehung. Wenn wir uns also in einem Bereich unseres Lebens eine Verbesserung wünschen, dann brauchen wir nur unsere Beziehung zu diesem Bereich zu vertiefen. Wenn du dir eine reiche Beziehung wünschst, dann willst du doch wissen, was dein Partner oder deine Partnerin mag und was nicht. Wenn du ein Geschäft führst, dann musst du dich fragen, was deine Kunden wollen, und nicht, was du willst. Um ein Auto zu verkaufen, ist es nämlich unwichtig, welchen Wagen du fährst, es ist nur von Bedeutung, welchen Wagen deine Kundin braucht. Du kannst fragen, welche Bedürfnisse dieser Mensch jetzt hat und in Zukunft haben wird – vielleicht gibt es bald Familienzuwachs. So kannst du deine Kundin umsichtig in ihrer Kaufentscheidung begleiten.

Indem du zeigst, dass du dich aufrichtig für dein Gegenüber interessierst, baust du in allen Bereichen deines Lebens wertvolle Beziehungen auf. Das Geheimnis der Fülle und des Lebens liegt sozusagen darin, anderen zu dienen bzw. andere glücklich zu machen. Die Blumen dienen den Bienen, und die Bienen dienen den Blumen – wir alle helfen einander mit unseren Fähigkeiten. Frage dich zum Beispiel, was dein Körper braucht. Wenn er irgendwo verspannt ist, dann untersuche, was er dir damit signalisieren möchte. Braucht dein Körper Bewegung, Entspannung, Wasser oder frisches Obst, dann gib ihm das, wie du deinem besten Freund das gibst, was er sich wünscht. Was braucht dein Geist, was dein Verstand, und was braucht deine Seele, damit du ausgeglichen leben kannst?

Dein Selbstbild

Beantworte bitte, ohne nachzudenken, die folgenden Fragen. Schreibe jeweils deinen ersten Gedanken auf.

1. Was habe ich verdient?
2. Was habe ich nicht verdient?
3. Wer oder was glaube ich zu sein?
4. Vervollständige nun spontan, ohne zu überlegen, den folgenden Satz: »Die Welt ist voller …«

Wenn du alle Antworten notiert hast, können wir weitermachen. Mancher mag als Antwort auf die letzte Frage »Sonnenschein«, »Ignoranz«, »Herzlichkeit«, »Dummköpfe«, »Urlaubsorte«, »Ausländer«, »Hilfe«, »Peinlichkeiten«, »Magie« oder »Absagen« geschrieben haben, und jede Antwort spiegelt unseren momentanen Blick auf die Welt wider. Wenn hier nun viel Negatives steht, dann empfiehlt *Huna,* einen Sichtwechsel vorzunehmen, und das ist das Thema des nächsten Kapitels und der nächsten Erkenntnisstufe: *Makia* – meine Energie fließt dorthin, worauf ich meine Aufmerksamkeit richte.

Das Geheimnis der Fülle und des Lebens
liegt darin, anderen zu dienen
bzw. andere glücklich zu machen.
Die Blumen dienen den Bienen,
und die Bienen dienen den Blumen.

Du entscheidest, was du sehen willst.
Schaue auf die Fülle, das Gute, den Frieden,
die Gesundheit und die Liebe.
Schaue auf das, was du zu erreichen suchst,
denn das, worauf du dich konzentrierst,
wird wachsen.
(Makia)

Wie du alles in deiner Welt vermehrst

Makia – Die Energie folgt deiner Aufmerksamkeit

In diesem Kapitel lernst du ein wichtiges universelles Gesetz kennen. Indem du es Schritt für Schritt anwendest, aktivierst du die Fülle in deinem Leben. Außerdem erfährst du etwas über die 20 000 Möglichkeiten, dein Leben zu verbessern.

Die zweite Lebensweisheit, die *Huna* uns für ein erfülltes Leben anbietet, lautet: »Das, worauf wir uns konzentrieren, das wächst. Was wir in unserem Leben unsere Aufmerksamkeit schenken und Bedeutung verleihen, das vergrößert sich.« Auf Hawaiianisch heißt dieses Prinzip *Makia,* und du kannst dir das leicht merken, indem du diesen Ausdruck mit dem Wort »markieren« verbindest: Alles, was du markierst, dorthin fließt deine Energie. Markierst du viele Situationen und Begebenheiten in deinem Leben mit der Aufschrift »Fülle«, dann siehst du vermehrt den Reichtum und bist ein glücklicher Mensch. Etikettierst du die Welt hingegen mit »Mangel«, so wird auch das Mangelhafte wie auf magische Weise vermehrt erscheinen, und du wirst die meiste Zeit unglücklich sein. Wir bewegen uns in der Regel zu dem hin, was uns bekannt erscheint und was unser Gehirn mit sogenannten Referenzerlebnissen verbinden kann. Wenn du wissen willst, welche Markierungen du primär verwendest, woran du vorwiegend denkst, dann beobachte einfach deine Gefühle: Schaue auf deinen Kompass.

Als Wissenschaftler der inneren Zusammenhänge wollen wir näher untersuchen, worüber wir hier sprechen. Meine Aufmerksamkeit gebe ich allem, was für mich von Bedeutung ist, weil ich es vielleicht bereits aus meiner Kindheit kenne, ich Ähnliches schon erfahren habe und es daher für mich einen positiven oder negativen Wert hat. Ja, alles, was wir bereits kennen, das fällt uns auf – und es fällt uns auch leicht. *Makia* heißt: Ich deute mit meinem Geist und mit meinen Sinnen in eine Richtung und bewerte, was ich wahrnehme. Dieses einfache Prinzip machen wir uns zum Beispiel in der Visualisierung zunutze, denn je länger, je öfter und je intensiver ich mich mit etwas beschäftige, desto größer wird die Eigendynamik, die das Objekt oder die Situation gewinnt.

Genauso, wie es schwierig ist, aus einem fahrenden Zug zu springen, können wir unsere Gewohnheiten nur schwer ablegen, denn sie gewinnen an Kraft und Macht. Muster kosten keine Mühe, und das kann ein Vorteil sein, weil es sich um ein gut laufendes Geschäft handelt, um eine gefestigte Partnerschaft, die bereits viele Höhen und Tiefen überstanden hat, eine Fähigkeit, die man nicht verlernt usw. Doch Gewohnheiten können auch negative Auswirkungen haben. Manchmal sieht man Menschen, die auch an Routinen und Situationen festhalten, die ihnen zwar missfallen, sie möglicherweise gar zugrunde richten, doch es ist eben einfacher, sich in einer bekannten Sumpflandschaft zu bewegen, als sich auf das unbekannte Terrain eines Sees hinauszuwagen. All das hat einfache physiologische Ursachen, denn je mehr Aufmerksamkeit wir etwas schenken, desto stärker werden die neuronalen Verknüpfungen in unserem Gehirn. Jede Gewohnheit beginnt mit einem ersten Gedanken, mit einer ersten Tat, und nach und nach werden die zerebralen Verbindungen kräftiger. Ähnlich, wie aus anfänglichen Trampelpfaden Wege entstehen, dann Straßen, die später zu Autobahnen ausgebaut werden, so entstehen durch Wiederholung nach und nach Datenautobahnen in deinem Gehirn. Ob diese Gewohnheit nun positiv, deiner Entwicklung förderlich, oder etwa lebensfeindlich ist – für dein Gehirn ist es einerlei. Es wertet nicht, sondern tut als Werkzeug das, wofür du dich entscheidest.

Wie du siehst, handelt es sich bei *Makia* um eines der elementaren Prinzipien, wie dein Gehirn Wirklichkeit in Form von Fülle oder Mangel erschafft. Das, womit wir uns in unserem Leben primär beschäftigen, das wächst. Deine Aufgabe besteht nun darin, bewusst zu entscheiden, ob du in etwas die Fülle oder den Mangel siehst, und dir damit positive Referenzen zu schaffen, indem du den Ereignissen in deinem Leben einen konstruktiven Sinn gibst. So legst du dir eine Art Bankkonto mit immer mehr positiven Erinnerungen an – gewaltige Ressourcen, aus denen du schöpfen kannst.

Unsere Fähigkeiten und das wenige,
was wir haben, zu nutzen, ist immer ausreichend,
denn dies ist das Prinzip des Lebens.

Schenke deinen Stärken Aufmerksamkeit

Kinder brauchen Zuwendung, und welchem Teil ihrer Persönlichkeit Eltern, Lehrerinnen und Lehrer Aufmerksamkeit schenken, hat einen bedeutsamen Einfluss auf ihre Entwicklung. Wir können uns auf das konzentrieren, was Kinder aus unserer Sicht falsch machen – obwohl sie doch nur ihre Grenzen und Möglichkeiten ausloten wollen – und sie damit im Grunde schwächen, oder wir können sie in ihren Stärken fördern. Die Harvard-Dozentin Carol Dweck stieß in Boston auf ein interessantes Phänomen und entwickelte daraus eine neue Lehrmethode: An einer Schule in besagter Stadt gab man Schülerinnen und Schülern in Zeugnissen und für Arbeiten grundsätzlich eine Note besser, bloß mit dem Vermerk »noch nicht«. Hatte ein Schüler von seiner Punktezahl her die Note C, so erhielt er eine »noch nicht B«. Die bessere Note und das »noch nicht« spornten die Schülerinnen und Schüler allgemein an. Sie sahen die gute Note und wollten dieser gerecht werden.

Aus umfangreichen psychologischen Beobachtungen wissen wir heute, dass sich Kinder entsprechend den Erwartungen ihrer Eltern, Lehrerinnen und Lehrer verhalten. Kinder, deren Eltern das Beste erwarten und sie motivieren, zeigen ein anderes Verhalten als Kinder, die von ihren Eltern »abgeschrieben« wurden. Nun, sind wir nicht ebenfalls manchmal große Kinder? Versuchen wir vielleicht immer noch, die Erwartungen unserer Eltern zu erfüllen? Was erwarten wir von uns, und in welchen Bereichen haben wir uns aufgegeben?

Huna arbeitet mit dem Persönlichkeitsmodell der drei Selbste: Hohes Selbst, Mittleres Selbst und Unteres Selbst bzw. Inneres Kind. Wie in einer inneren Familie haben wir als Mittleres Selbst (das Wachbewusstsein) die Aufgabe, unser Inneres Kind (das Unterbewusstsein) liebevoll anzuleiten und zu erziehen. Wenn wir Sportlerinnen und Sportler betrachten, sehen wir, dass diese zunächst an ihren Stärken arbeiten und diese beständig verbessern. Wie Kinder loten sie ihre Grenzen aus und erweitern nach und nach ihre

Möglichkeiten. Sie spornen sich selbst an. Jemand, der gut im Volleyball ist, doch eine Niete im Gewichtheben, wird sicherlich Volleyball spielen und sich darin weiter vervollkommnen, doch nicht krampfhaft versuchen, eine Medaille im Gewichtheben zu gewinnen. Was für erfolgreiche Sportler gilt, scheinen Menschen im Alltag immer und immer wieder zu ignorieren, wenn sie versuchen, ihre Schwächen zu reparieren, und sich wundern, dass es nicht vorangeht. Wer sich mit seinen Mankos beschäftigt, wird nicht in seinen Stärken besser, sondern bleibt bei seinen Schwächen – und das heißt konkret: mittelmäßig. Wer sich hingegen auf seine Talente und Fähigkeiten konzentriert, wird darin immer besser. Dasselbe geistige Prinzip steht dahinter, wenn man sagt, dass die Reichen immer reicher und die Armen immer ärmer werden. Es ist die alte Frage, ob man das Glas halb voll oder halb leer sieht. Manchmal jammern Menschen so lange über ihr halb leeres Glas, bis auch der letzte Rest verdunstet ist, während andere das Wasser trinken, um sich zu stärken, oder Blumen damit gießen. Das ist die weise Art, eben in das zu investieren, was man hat.

Ein guter Läufer läuft, und eine gute Schwimmerin schwimmt – nicht umgekehrt. Unsere Fähigkeiten und das wenige, was wir haben, zu nutzen, ist immer ausreichend, denn dies ist das Prinzip des Lebens. Jeder große Baum muss mit dem auskommen, was unter seinen Füßen, seinen Wurzeln ist. Er schielt nicht nach dem, was ihm fehlt, und jammert nicht über verpasste Gelegenheiten, sondern macht es wie der mental reife und bewusste Mensch, der in jedem Problem eine Möglichkeit sieht. Der emotional Verarmte hingegen findet noch in jeder Möglichkeit ein Problem, und so bleibt ihm am Ende gar nichts, weil alles wie Sand zwischen seinen Fingern zerrinnt. Vom Baum gilt es, Geduld und Durchhaltevermögen zu lernen, denn genauso, wie eine Schwangerschaft nun einmal neun Monate dauert, braucht alles im Leben seine Zeit. Na und? *Makia* beschreibt in der einfachen Sprache des *Huna* das Phänomen, dass sich die Dinge verändern, wenn wir anders auf sie schauen – eine Erkenntnis der Quantenphysik, die wir doch jeden Tag vor Augen haben, wenn wir aufmerksam sind. Wende also deinen Blick der Fülle zu, und dein Leben wird in Fülle erblühen.

20 001 Möglichkeiten, die Fülle zu stärken

Täglich bilden sich in unserem Gehirn circa 20 000 neue Neuronenverbindungen. Die Anzahl der Neuronen bleibt dabei etwa gleich, doch die Möglichkeiten zur Verknüpfung sind variabel. Zur Verdeutlichung stelle dir eine Feier mit einhundert Gästen vor. Diese einhundert Menschen repräsentieren die feste Anzahl der Neuronen – einen kleinen Teil deines Gehirns. Immer wieder sprechen andere Gäste miteinander, es werden neue Kontakte (Neuronenverbindungen) geknüpft und Informationen weitergegeben.

Wenn wir nun irgendetwas in unserem Leben Bedeutung beimessen – sagen wir einem kleinen Erfolg –, wird in unserem Gehirn eine entsprechende Verbindung angelegt, die für einige Zeit aktiv ist. Wenn du regelmäßig deine kleinen Erfolge feierst, dich wohlwollend im Spiegel anlächelst, dich über jeden Sonnenstrahl und jeden Euro auf deinem Konto freust, wird die Neuronenverbindung gestärkt. Und es wird auch täglich leichter, Freude zu empfinden, weil sich dein Gehirn darauf eingestellt hat. So konditionierst du dich bzw. dein Gehirn, entwickelst die Gewohnheit, in Erfolg, in Fülle, in Freude, in Lösungen und Möglichkeiten zu denken. Bereiche, die anderen Menschen schlicht verborgen bleiben, stehen dir irgendwann plötzlich offen, obwohl sich die Welt selbst nicht verändert hat. Alles, was sich veränderte, bist du. So beeinflusst die Information die Energie, und die Energie wirkt auf die Materie, ähnlich wie der stete Tropfen den Stein höhlt. Denke kontinuierlich Fülle, und die Fülle strömt zu dir. Habe Vertrauen, auch wenn das vielleicht nicht sofort passiert, weil eben erst eine gewisse Schwelle erreicht und überwunden werden muss. Wenn man lange Zeit im negativen Denken verhaftet war, müssen die alten Verbindungen im Gehirn erst wieder abgebaut werden – doch alles wird sich regeln.

Denke in Fülle oder in Mangel, und es wird in dein Leben treten. Beides ist deine Entscheidung, denn diese Welt bietet unendliche Möglichkeiten, den Reichtum und ebenso die Fehler und Unzulänglichkeiten zu entdecken. Für dein Gehirn ist es einerlei, worauf du dich konzentrierst. Alle Naturgesetze sind neutral, das Leben und das Universum werten nicht. Die Verantwortung für dein Leben liegt also bei dir: Du bist es, der deinem Leben Bedeutung gibt.

Bereiche, die anderen Menschen
schlicht verborgen bleiben,
stehen dir irgendwann plötzlich offen,
obwohl sich die Welt selbst nicht verändert hat.
Alles, was sich veränderte, bist du.

Fülle und die Kunst, zu leben

Erinnere dich einmal daran, wie es war, als du irgendetwas Neues gelernt hast – zum Beispiel Fahrradfahren. Sicher war es zuerst schwierig, doch nach und nach wurde es immer einfacher, bis du gar keinen Gedanken mehr daran verschwenden musstest, wie es geht. An diesem Beispiel kannst du eine Sache wirklich gut begreifen: Sicherlich hattest du nie daran gezweifelt, irgendwann Fahrrad zu fahren, richtig? Als Kind wusstest du, dass man Fahrradfahren lernt, und die einzige Frage, die du dir doch wirklich stelltest, lautete: Wie soll mein Fahrrad aussehen? Als Erwachsene hingegen beginnen wir, Dinge zu verkomplizieren, und zweifeln daran, in der Fülle leben zu können oder zu dürfen, obwohl doch Millionen Menschen gesund, glücklich und finanziell frei sind.

Statt – wie beim Fahrradfahren – nach vorn auf den Weg zu schauen, blicken Menschen oft auf ein bedrückendes Erlebnis in ihrer Vergangenheit und holen damit die Verletzung immer wieder von Neuem in die Gegenwart. Aber hat dich je ein Sturz mit dem Rad davon abgehalten, weiter zu fahren? Anstatt eine erfüllte Gegenwart zu leben und andere Menschen zu inspirieren, zu motivieren und ein gutes Vorbild zu sein, das gestärkt aus seinen Erlebnissen hervorging, wiederholen Menschen häufig im Geiste die unglücklichen Ereignisse. So erschaffen sie erst in ihren Gedanken und dann im Außen eine Wirklichkeit, schwächen sich selbst und andere, die in ihrem Resonanzfeld stehen.

Um die Reise nicht am nächsten Baum enden zu lassen, empfehle ich, den Blick immer auf das zu richten, was wir lernen und geben können. Wenn wir in der Vergangenheit bleiben, fehlt uns die Kraft in der Gegenwart und für die Zukunft. Anstatt zu fragen, was uns das Leben verwehrt hat, können wir doch herausfinden, was wir dem Leben geben können. Wenn du dir nämlich Gedanken darüber machst, wie du die Fülle vermehren kannst, wie du zum Beispiel mit deinen auch negativen Erfahrungen anderen helfen kannst, dann schöpfst du plötzlich aus einer tiefen Quelle und bekommst vom Leben alles, was du brauchst. Das Universum unterstützt dich mit Fülle, weil du etwas gibst. Du zeigst, dass du etwas zu geben hast, also reich bist, und dich aus deinem selbst gewählten Exil erheben willst. Mit der zweiten *Huna*-Erkenntnis bist du angehalten, eine bewusste Entscheidung zu treffen und deinen Blick jetzt auf die Fülle deiner Gaben zu richten. Diese Geschenke stehen geradezu wie ein offenes Geheimnis direkt vor deiner Nase. Weil sie für dich so selbstverständlich sind, hast du sie möglicherweise bisher übersehen.

Du bist kein Teil des Mangels,
sondern ein Element der ewigen Urquelle,
der Fülle, der unbegrenzten Schönheit
und Energie.

Die Fülle erkennen und annehmen

Was kann der Nutzen, der Segen in dem belastenden Erlebnis zum Beispiel einer Misshandlung in der Kindheit sein? Das folgende einfache Beispiel macht das klar. In einer Untersuchung wurden junge Erwachsene, die Kinder alkoholkranker Eltern waren, nach ihrer Einstellung gegenüber Alkohol befragt. Diejenigen, die selbst Alkoholprobleme hatten, sagten: »Meine Eltern waren Alkoholiker. Was sollte aus mir schon werden?« Jene, die keine Alkoholprobleme hatten, gaben folgende Erklärung: »Meine Eltern waren Alkoholiker. Deshalb trinke ich keinen Alkohol.« Es sind dein Denken, deine Entscheidung und folglich dein Verhalten, was deine Lebensumstände kreiert. Du bist das, was du glaubst zu sein: Ob du überzeugt bist, versagt zu haben oder dazugelernt und somit gewonnen zu haben – du hast immer recht.

Ein Teilnehmer an einem meiner Vergebungsseminare machte folgenden Paradigmenwechsel und danach beruflich Karriere: Bei unserer ersten Begegnung sagte er über seine Eltern, dass sein Vater ein Schwein gewesen sei, der ihn besoffen verprügelte, während seine Mutter zusah. Er selbst sei von den Ereignissen traumatisiert und sehe nur wenig Perspektive. Zwar versuche er immer wieder, festen Boden unter den Füßen zu gewinnen, doch die Erinnerungen holten ihn jedes Mal ein. Dann begännen sein Vertrauen, sein Glaube an sich selbst und die Welt zu schwinden, und alles versinke in einem Loch von Gewalt, Trauer und dunkler Hoffnungslosigkeit. Nach einer Woche Arbeit mit Vergebungstechniken wechselte er von der Opferrolle in eine neutrale Beobachterposition. Er hatte seine negativen Emotionen von der Erinnerung abgekoppelt und erlöst. Nun bewertete er dasselbe Ereignis seiner Kindheit wie folgt: »Mein Vater war alkoholkrank und verprügelte mich im Rausch. Er war frustriert über sich selbst und sein Leben. Meine Mutter war schwach und konnte mir nicht helfen. Ich denke, ich kann meine gemachten Erfahrungen nutzen, um Kindern von alkoholkranken Eltern zu helfen. Wer könnte das besser als ich?«

Wenn du Liebe, Sinn und Freude in deinem Leben manifestieren willst, dann ist es erstens wichtig, deinen Reichtum zu erkennen und anzunehmen, und zweitens, diesen zu vermehren. Betrachte all deine Erfahrungen, dein ganzes Leben, dich selbst und deine Umgebung als einen Ausdruck des Wunsches, zu wachsen. Ich bitte dich, dich einfach einmal – wenn auch nur als Gedankenspiel – dieser Idee zu öffnen, dass du ein ewiger, vollkommener Teil des spirituellen Ganzen bist. Dass es deine Bestimmung ist, der Liebe und dem Wunder des Lebens Ausdruck zu verleihen. Dieses Wunder hat dich dorthin gestellt, wo du bist – warum, das musst du herausfinden. Aus irgendeinem Grund bist du hier, und deine Eltern haben nur dabei geholfen. Alle großen Heiligen und Meister waren und sind sich dieses Mysteriums bewusst. Du bist kein Teil des Mangels, sondern ein Element der ewigen Urquelle, der Fülle, der unbegrenzten Schönheit und Energie. Und wenn du ein Teil der Fülle bist, wenn Gott in dir ist, wie kann es da Mangel in dir geben? Warum solltest du deine Herkunft aus der unendlichen Liebe zum Leben, zu den Tieren, den Pflanzen und zur ganzen Natur für weniger aufgeben? Frage dich, warum du dir deine Eltern ausgesucht hast, und schöpfe aus dieser Quelle der Erkenntnis. *Nana i ke kumu* – »Schaue auf die Quelle«, wie man auf Hawaiianisch sagt. Und damit kommen wir zum nächsten Kapitel und zur nächsten Stufe, *Kala,* und das heißt: »Es gibt keine Grenzen.«

Überwinde dich selbst.
Versetze mit deinem Glauben
deine inneren Berge.
Glaube an dich.
Die Grenzen dafür,
deine Bestimmung zu leben,
setzt du selbst.
(Kala)

Du setzt dir deine Grenzen

Kala – Es gibt keine Grenzen

In den 1930ern wurden zwei Außendienstmitarbeiter einer Schuhfabrik in verschiedene Regionen Afrikas entsandt, um den Markt zu sondieren. Nach einer Woche telegrafierten beide in die Zentrale nach England. Der eine schrieb: »Unternehmen totaler Reinfall. Alle barfuß. Keine Marktchancen für uns.« Der andere telegrafierte: »Unternehmen voller Erfolg. Alle barfuß. Enorme Marktchancen für uns.«

Menschen sabotieren ihr eigenes Glück durch ihre negativen Sichtweisen und Überzeugungen, weil sie an altem Leid festhalten, sich in Pläne verbissen haben, die nicht funktionieren, weil sie sich verzetteln oder gar keine Ziele haben. Manche hängen an Beziehungen und Arbeitsplätzen, die sie zugrunde richten, andere halten an Gewohnheiten fest, die ihre Gesundheit ruinieren – alles ist möglich, und wir können unser Leben in jede beliebige Richtung entwickeln. In diesem Kapitel möchte ich dir zeigen, wie du ein mentales Gefängnis überwindest, und dazu stelle ich dir das *Huna*-Prinzip *Kala* vor. Mary Kawena Pukui und Dr. Diethard Stelzl geben für den hawaiianischen Begriff *Kala* vor allem vier Übersetzungen an: »Freiheit«, »Loslassen«, »das Wiederherstellen des Lichts« und »das Gewähren von Vergebung«. Die *Huna*-Lebensweisheit und das Energieprinzip dazu lautet: »Es gibt keine Grenzen.«

Kala empfiehlt uns, unseren Horizont zu erweitern in dem Wissen, dass es auch dahinter immer noch weitergeht, wie Udo Lindenberg es sang. Du darfst locker bleiben, und anstatt den Tag mit Gedanken an deine To-do-

Liste zu beginnen, daran, was dich erwartet und was man von dir verlangt, mache es dir doch vielleicht zur Gewohnheit, den Tag zunächst friedvoll zu begrüßen. Jeder neue Tag ist heilig, ein Mysterium, denn er wurde noch nie gelebt. Wir können viel über die Liebe und das Glück, die Schönheit der Erde und der Natur sprechen, doch alles zeigt sich erst im Tun. Mit *Kala* werden wir aufgefordert, unsere gedanklichen Grenzen zu überwinden und Ja zum Leben, Ja zur Natur und vor allem Ja zu uns zu sagen. Dieser Tag ist einzigartig, wenn du ihn dazu erklärst, und du bist einzigartig, wenn du aufhörst, dich zu vergleichen, und deine Kraft und deine Aufgabe annimmst.

Alles ist möglich,
und wir können unser Leben
in jede beliebige Richtung entwickeln.

Die Freiheit der Wünsche

Auch dein freier Wille und die Möglichkeit, dich für irgendetwas zu entscheiden, gehören mit zum Reichtum deines Daseins. Kraft deines Denkens kannst du wählen und dich auf den Weg machen, das Glück in dein Leben einzuladen oder es aus diesem auszusperren. Wir haben die Freiheit, das Leben aus jeder beliebigen Perspektive zu betrachten. Ja, du hast auch die Möglichkeit, im Mangel und in der Negativität deiner eigenen Gedanken zu bleiben, dich vehement gegen Hilfe und persönlichen Erfolg zu wehren. Ein Tier kann das übrigens nicht, es folgt seinen Instinkten, und das Leben gebietet ihm, sich weiter zu entfalten und das Leben weiterzugeben.

Frage dich deshalb noch einmal, ob du das, was du denkst und tust, auch noch in fünf oder zehn Jahren denken und tun möchtest. Wo willst du in fünf Jahren stehen, und welche inneren Grenzen musst du überwinden, um dich dorthin zu entwickeln? Wenn du etwas in deinem Leben verbessern möchtest, dann musst du dich zunächst selbst verbessern, und das heißt, dich auch selbst überwinden. Habe Vertrauen, denn auch der Langsamste erreicht sein Ziel, wenn er nur weitergeht. Erinnere dich dabei an den Gewichtheber, der nicht von heute auf morgen drei Zentner stemmen kann, sondern jeden Tag trainiert und täglich ein klein wenig Gewicht dazulegt. Die Meister erreichen immer Großes, indem sie Kleines tun.

Wenn du morgen sterben würdest, was hättest du gern mehr und was hättest du lieber weniger getan? Würdest du dir auf dem Sterbebett liegend wünschen, mehr Zeit im Büro verbracht, unangenehmen Zeitgenossen deine Zeit geschenkt und häufiger Zeitung gelesen zu haben oder mehr Zeit deiner Familie und deiner spirituellen Entwicklung gewidmet zu haben? Wenn du wüsstest, dass du morgen stirbst, würdest du dann heute noch alles daran setzen, einen geliebten Menschen zu sprechen, würdest du einer Biene beim Summen lauschen, an einer Blume riechen und den Sonnenuntergang bewundern? Wenn deine Antwort »Ja« lautet, dann finde einen Weg, diese Dinge zu tun, denn du weißt nicht, was morgen sein wird. Finde Wege zur wahren Fülle. Finde Wege in das Glück dieser Welt. Wenn du glaubst, das ginge nicht, dann ist exakt das deine Grenze, die du erweitern musst – oder du wirst etwas bereuen. Menschen bereuen auf dem Sterbebett weniger das, was sie getan haben, als das, was sie nicht getan haben.

Ein Mann lag im Sterben. Er hatte keine Schmerzen, und alles war friedlich – nur eines war sicher, nämlich, dass er den nächsten Tag nicht mehr erleben würde. Da traten seine Talente in den Raum. In der Gestalt von Kleinkindern krabbelten sie, ein Talent nach dem anderen, in das Zimmer, näherten sich dem Bett und fragten, warum er sie nicht habe wachsen lassen. Warum habe er nicht mehr aus ihnen gemacht? Der Mann entschuldigte sich, dass er sich habe ablenken lassen. Er zuckte mit den Schultern und meinte, er habe gedacht, seine Schwächen auszugleichen sei wichtiger gewesen. Als Letztes betrat sein Traum den Raum, jener Traum, den er seit seiner Kindheit immer wieder geträumt hatte. »Warum hast du mich nie gelebt?«, wollte der Traum wissen. Zärtlich hielten beide einander die Hände. »Warum hast du mich nie gelebt? Jeden Tag bin ich zu dir gekommen und dir in Gedanken erschienen. Ich bin ein Teil von dir, und ich liebe dich.«

Dein Traum gehört zu dir, und ich kann dir garantieren, dass du alles, was du immer und immer wieder denkst, auch erreichen kannst, denn sonst wäre es nicht in dir. Es ist leicht zu sagen: »Wirf deine Ängste und Zweifel über Bord. Vertraue, und bleibe gelassen.« Doch genau das ist das Geheimnis: das Loslassen der Zweifel und das Annehmen der eigenen Natur. Öffne dich deinen Fähigkeiten und deinem Traum, denn sie sind etwas, was dich erfüllt. Sie sind das, was dir in die Wiege gelegt wurde und warum du hier bist.

Was willst du tun?

Als Menschen können wir tun, was wir wollen. Nur wollen wir wirklich alles tun? Wir haben die Freiheit, uns alles zu wünschen, was wir wollen, doch wollen wir wirklich alles haben, alles tun und all das am besten sofort? Wollen wir die Erde bewahren und uns für die Vielfalt der Tier- und Pflanzenarten einsetzen, oder wollen wir die Regenwälder weiter für Dinge opfern, die wir sowieso schon haben? Ich bin mir sicher, dass wir viele persönliche und internationale Schwierigkeiten vermeiden könnten, wenn wir uns die aufrichtige Frage stellten, was wir denn wirklich wollen. Denn wie ein zielloses Schiff, wie ein verlassener Tanker, der irgendwann auseinanderbricht oder irgendwo strandet, scheint die Menschheit ihren natürlichen Auftrag, nämlich, das Leben zu bewahren, vergessen zu haben. Sind wir im Rausch der bunten Bilder und der vollen Regale gefühllos geworden?

Finde heraus, was du wirklich willst, das heißt, was dir wirklich wichtig ist. Wirklich wichtig ist immer etwas, was große Konsequenzen hat. Was würde deshalb die große Veränderung in deinem Leben bewirken, und was möchtest du fühlen, wenn du es erreicht hast? All deine Beziehungen fühlst du, die Liebe fühlst du, die Natur, den Gesang der Vögel, die Frische des klaren Baches fühlst du, deine Gesundheit, deinen Kontostand und dich selbst – im Glück oder Unglück. Finde deshalb heraus, was du tun musst, damit du dich selbst wertschätzt und um dich von Selbstvorwürfen zu befreien.

Dein Traum gehört zu dir, und alles,
was du immer und immer wieder denkst,
kannst du auch erreichen,
denn sonst wäre es nicht in dir.

Die Ja-aber-Grenzen

Was kann nun ein Mensch tun, der gerade krank ist, im Rollstuhl sitzt, kein Geld hat, dem gekündigt wurde, der im Gefängnis sitzt, von Liebeskummer geplagt wird oder auf welche Art und Weise auch immer gerade eingeschränkt ist? Lass uns bitte vorausschicken, dass *Kala* nicht unsere physischen Grenzen anspricht, sondern die grenzenlosen Möglichkeiten unseres Geistes, die Fähigkeiten, zu visualisieren, uns in jedem Moment neu zu entscheiden und dem Leben einen Sinn zu geben. An dieser Stelle möchte ich dir etwas sehr Entscheidendes sagen, nämlich, dass du nur zwei Möglichkeiten hast: Entweder, du gibst deinem Leben einen Sinn, oder jemand anderes gibt deinem Leben einen Sinn. Punkt, Ende der Durchsage.

Möglicherweise hast du schon von Viktor Emil Frankl (1905–1997) gehört. Er war ein österreichischer Neurologe und Psychiater und ein Überlebender der nationalsozialistischen Konzentrationslager. Seine Suche galt der Bedeutung eines Lebens, das jenseits unserer Vorstellungskraft liegt: Während des Lagerdaseins wurden seine gesamte Familie, seine Freunde und seine Bekannten gefoltert, vergast oder auf andere Weise ermordet. Vor dem Krieg war sein Fachgebiet die Suizidprävention gewesen. Er kam ins Lager, nachdem er Akten gefälscht hatte, um andere vor der Ermordung durch das Regime zu bewahren. Unablässig suchte er nach einem Sinn im Leben und im Leiden, und schließlich machte er eine entscheidende Beobachtung: Die Bedeutung, die man seinem Leben selbst beimisst, dass man in seinem Leben und seinem Leiden einen Sinn entdeckt, entscheidet mit über die Überlebensfähigkeit. Seine Eindrücke und Erfahrungen in den Konzentrationslagern verarbeitete er in dem Buch »… trotzdem Ja zum Leben sagen«.[*] Viktor Emil Frankl vertrat die Ansicht, dass vor allem Versöhnung statt Vergeltung einen sinnvollen Ausweg aus den Katastrophen des Weltkrieges weisen könne.

* Frankl, Viktor E.: *… trotzdem Ja zum Leben sagen. Ein Psychologe erlebt das Konzentrationslager.* dtv, München 1992.

Möglichkeiten befreien

Heutzutage haben wir mehr – weit mehr – Möglichkeiten als irgendeiner unserer Vorfahren, die, bis auf wenige Ausnahmen, in Armut lebten oder zumindest unter großen Entbehrungen litten. Wir haben fließendes, warmes Wasser, eine Heizung, Fensterscheiben, und mit unseren Möbeln leben wir weitaus komfortabler als jeder König der letzten 2000 Jahre. Lebensmittel und medizinische Versorgung findest du an nahezu jeder Ecke, und das oftmals rund um die Uhr. Deine Chancen, alles, was du möchtest, zu erreichen, Gesundheit, erfüllte Beziehungen, finanzielle Sicherheit, und deine Berufung zu leben, sind höher als jemals zuvor in der Geschichte für irgendeinen Menschen. Nahezu alles hat bereits jemand vor dir getan, und du musst dir diesen nur achtsam zum Vorbild nehmen. Alles, was es zu tun gilt, ist, dem Reichtum, den du besitzt, einen Sinn zu geben – auch wenn er in deinen Augen noch so gering sein mag. Deine Wertschätzung und Dankbarkeit sind sozusagen die Erlaubnis, die du dem Leben gibst, deinen Reichtum auf wundersame Weise zu vermehren. Das Geheimnis für deinen Erfolg gründet darin, deinen Wert anzuerkennen und das Leben gewähren zu lassen, was einfach heißt, das Beste aus dem zu machen, was man hat.

Als er, gerade geboren, seiner Mutter gezeigt wurde, verlor diese die Besinnung, und sein Vater wollte sich beim Anblick seines Sohnes umbringen. So begann Nick Vujicic ein Interview, das ich vor ein paar Jahren sah. Nick hat nämlich keine Arme und keine Beine. Er kam in diese Welt mit der scheinbaren Sicherheit, nie ein normales Leben führen zu können: Ohne Arme und ohne Beine wäre er immer auf fremde Hilfe angewiesen, ein Ausgestoßener, und selbst die einfachsten Dinge zu tun, bedeutete für ihn, eine echte physische Grenze zu überwinden. Die Realität sieht nach über dreißig Jahren allerdings anders aus, denn Nick spielt Fußball, Golf, taucht und macht noch vieles mehr. Er ist verheiratet, ein erfolgreicher Redner und tut alles, was möglich ist und anderen unmöglich erscheint. Vor allem gibt er Kurse und spricht vor Schulklassen, um den Kindern und Jugendlichen eines zu sagen: Höre nicht darauf, was andere von dir denken, vergleiche dich nicht in irgendeiner Weise, und mache dich selbst niemals klein. Wenn Nick sich auf dem Schultisch hin und her bewegt und darüber spricht, wie sinnlos es ist, sich zu vergleichen und das zu verbergen, was man an Fähigkeiten hat, dann versteht man etwas – nämlich den eigenen Reichtum und, wie wichtig es ist, die eigenen Möglichkeiten wertzuschätzen. Nick hat keine Arme und keine Beine und nutzt das, was er hat, als seine Botschaft.

Noch mehr Fähigkeiten

Welchen Reichtum und welche Möglichkeiten hast du bisher übersehen? Schreibe weiter an der Liste deiner Fähigkeiten, und sammle Ideen, was du aus ihnen machen kannst.

Öffne dich deinen Fähigkeiten und deinem Traum,
denn sie sind etwas, was dich erfüllt.
Sie sind das, was dir in die Wiege gelegt wurde
und warum du hier bist.

Die Grenzen des Stammes hinter sich lassen

Als Coaching-Anleitung bittet dich *Kala* immer und immer wieder zu bedenken, dass es nur jene Grenzen gibt, die du dir selbst steckst. Sicher, wenn du von heute auf morgen vierzig Kilogramm abnehmen möchtest, dann ist das irreal, genauso, wenn du in einer Woche eine Doktorarbeit schreiben möchtest. Hier ist aber nicht ein etwa unrealistisches Ziel die Grenze, sondern der wirklichkeitsfremde Termin, den du dir gesetzt hast. Doch bedenke, dass deine Arbeit auch immer den Raum einnimmt, den du ihr gibst. Wenn du zum Beispiel drei Monate Zeit hast, einen Bericht zu schreiben, wird die Fertigstellung möglicherweise drei Monate dauern, und wenn der Bericht am Wochenende fertig sein muss, dann schaffst du das erfahrungsgemäß auch.

Jahrzehntelang glaubte man, dass kein Mensch eine englische Meile, das heißt die Strecke von 1609 Metern, unter vier Minuten laufen könne. Die Sportwissenschaftler untermauerten diesen Glauben und zementierten damit die persönliche Erwartungshaltung der Sportler und das Bewusstseinsfeld. Roger Bannister glaubte glücklicherweise mehr an sich selbst als an die Spekulationen und lief am 6. Mai 1954 als Erster die Distanz in der Weltrekordzeit von 3:59,4 Minuten. In den nächsten Monaten wurden die bis heute legendären vier Minuten von weiteren drei Leichtathleten geknackt. Das Eis dieser mentalen Grenze war von Roger gebrochen worden, und dieses Beispiel zeigt dir einmal mehr, dass du, wenn andere etwas geschafft haben, das möglicherweise auch kannst.

Der Weg in die Freiheit bringt es nun einmal mit sich, die Grenzen des eigenen Stammes zu übertreten, indem wir die Glaubenssätze und Überzeugungen unserer Familie, der Freundinnen, der Kollegen und schließlich auch der Wissenschaft infrage stellen. Eine Aussage wie »Das geht nicht«, »Das macht man hier so« oder »Das macht man nicht« stellt nur eine Art Warnschild dar. Du weißt, dass du dabei bist, das sichere Terrain deines Stammes zu verlassen und in unbekannte Gewässer aufzubrechen. Die Frage »Was werden die anderen denken?« ist eigentlich nur eine Übersetzung der Botschaft deiner Familie, die da lautet: »Wir haben Angst.«

Deine Familie, deine Kolleginnen, deine Freunde – all jene, die ich deinen Stamm nenne – bewahren ein mentales Territorium, hinter dessen Grenzen in der Vorzeit Gefahren, wilde Tiere, Räuber und die Barbaren, lauerten. Dort, außerhalb der Höhle und deiner Komfortzone, draußen in der Steppe, so erzählt man sich, hofft man, in dir eine leichte Beute zu finden. Zwar sind die Zeiten, da wir in Höhlen lebten, vorbei, doch das Denken ist gleich geblieben, wie die Verhaltensforschung sagt. Die Ängste und Befürchtungen deiner Freundinnen und Verwandten vor dem Unbekannten, deiner Geschäftsidee, deinem Wohnungswechsel oder neuem Berufswunsch darfst du ihnen nachsehen. Bleib locker, und gehe beherzt und in Liebe deinen eigenen Weg – nur so kannst du Grenzen überschreiten und die Wahrscheinlichkeit erhöhen, deine persönliche Fülle zu finden. Nur, wer seine eigenen Grenzen, seine Komfortzone, immer wieder hinter sich lässt, erfährt auch, wozu er bzw. sie fähig ist.

Loslassen, was unfrei macht

Es gibt zwei Arten der Beschränkung, die äußere und die innere, und alle Meister sind sich darin einig, dass ein geistiges Gefängnis das Schlimmere von beiden ist. Neben einem schwachen Willen, Labilität und Zweifeln – das heißt der Unfähigkeit, sich auf ein Ziel zu konzentrieren – zählen zu den großen geistigen Zwangsjacken vor allem unsere negativen Emotionen, einschränkenden Glaubenssätze und lebensfeindlichen Gewohnheiten.

Die einfachste und verbreitetste Art, sich selbst zu geißeln, ist die, an negativen, destruktiven Emotionen festzuhalten. Gerade Wut, Ärger, Gier, Gedanken der Hoffnungslosigkeit und alle Schuldgefühle erzeugen einen Tunnelblick. Wer bewusst mit Scheuklappen umherlaufen möchte, liegt mit diesen Gefühlen genau richtig, denn zum einen verpasst man dadurch viel Schönes, und zum anderen stößt man auch jede Menge um. Wer in einem ruhigen Moment nachdenkt, findet keinen logischen Grund, an seinem Ärger usw. festzuhalten, denn wie ein verpasster Bus nicht zurückkommt und ein verschütteter Saft nicht wieder ins Glas fließt, so können wir nun einmal das, was passiert ist, nicht rückgängig machen. Während wir uns in der Zeit von Moment zu Moment vorwärtsbewegen, rückt ein unliebsames Erlebnis weiter und weiter in die Vergangenheit, und das Einzige, was das Drama am Leben erhält, ist unser Festhalten an den negativen Emotionen. Weil unsere destruktiven Gefühle verhindern, dass wir uns als einen Teil der Lösung erkennen, verbleiben wir ein Teil des Problems.

Menschen mit anhaltenden negativen Emotionen schaden sich selbst und anderen. Weil sie unglücklich, verletzt sind und auf ihrem Opferdasein bestehen, haben sie die unangenehme Angewohnheit, andere subtil zu manipulieren, zu bemängeln, Schuldgefühle zu hinterlassen und so ihr Umfeld auf ihre Ebene herunterzuziehen. Meist glauben sie dabei, eine Situation oder das Gegenüber habe sie wütend gemacht, und während sie ihren Schuldigen suchen, verteilen sie großzügig schlechte Laune. Sicherlich ist es okay, auch mal bedürftig zu sein oder Dampf abzulassen, doch es ist ein Unterschied, ob jemand zwei-, dreimal im Jahr ausflippt oder jeden Tag eine

Demonstration seines Jähzorns liefert. Um aus dem Tunnel hinaus ans Licht zu treten, müssen wir als Erstes verstehen, dass wir nicht wütend sind, sondern Wut (du kannst hier auch andere Emotionen einfügen) haben. Es sind Emotionen, Energien, die sich in unserem Körper bewegen und die wir wie einen Fußpilz vielleicht einmal haben, doch selbstverständlich nicht kultivieren möchten. Wir haben die Wut, die Hilflosigkeit, die Schuldgefühle, die Trauer – wie einen Husten, einen Sonnenbrand oder eben einen Fußpilz –, doch wir sind nicht mit ihnen identisch.

Wer an seinen hitzigen und schäumenden Emotionen festhält, hat keine Wahlfreiheit, sondern lebt in den engen Grenzen seiner Reaktionsmuster. Entwicklungsgeschichtlich helfen uns Reaktionen und Instinkte bei Gefahr. In Situationen, in denen das Denken zu langsam wäre – zum Beispiel, wenn wir einem wilden Tier gegenüberstehen –, können wir schnell und effektiv aus dem Stammhirn heraus reagieren. Dieses gibt den Befehl, das sauerstoffreiche Blut aus den Organen und dem Gehirn in die Extremitäten zu pumpen, eben dorthin, wo es jetzt zum nackten Überleben gebraucht wird – zum Wegrennen. Wenn man sich allerdings immer wieder für die Negativität und die Illusion entscheidet, glaubt, das Regenwetter, die Nachbarin oder die Niederlage eines Fussballvereins sei eine lebensgefährliche Situation, dann wird der Frontallappen des Gehirns immer weniger mit Sauerstoff versorgt, und schließlich verdummt man im wahrsten Sinne des Wortes.

Wie wir nun düster ahnen, binden und flechten die negativen Emotionen, zu denen vor allem Schuldgefühle gehören, einen Menschen auf ein Rad weiterer negativer Reaktionen. Man bewegt sich so lange im Kreis, bis einem übel wird und man sich für die Liebe entscheidet. Alle destruktiven Gefühle trüben das Herz. Die einfachste Methode, frei zu werden, ist das Loslassen. Dieses mysteriöse Loslassen, von dem man selten weiß, wie es denn geht, bedeutet, den Widerstand aufzugeben und zu sagen: »Ja, ich akzeptiere, was ist!« Loslassen bedeutet, ganz weich – *Holo* – zu werden und die Wahrheit anzunehmen. Wenn du dich zum Beispiel regelmäßig ärgerst, dass ein Kollege unzuverlässig ist, dann leistest du Widerstand und willst nicht wahrhaben, dass er eben unzuverlässig ist. Du willst, dass er sich verändert. Doch wer seine Blickrichtung ändern muss, bist du. Solange wir an der Beziehung mit einem Menschen festhalten, der zum Beispiel unzuverlässig ist, werden wir seine Unzuverlässigkeit erleben. Die Lösung liegt im Loslassen. Damit wählst du zwischen einer einzigen Möglichkeit – er soll sich ändern – und einer Vielzahl von Alternativen. Dass sich dieser Mensch ändert, hast du nicht unter Kontrolle, doch dich nach anderen Lösungen umzuschauen, kannst du sehr wohl lenken.

Die Fülle und das Leben mögen keine Kontrolle, sondern Freiheit: Freiheit und Selbstbestimmung sind Fülle. Das Leben möchte fließen, und insofern können wir uns der Wahrheit – im Beispiel: dieser Mensch ist unzuverlässig – entgegenstellen und uns aufreiben, oder wir können einem Thema eine Form geben. Wie wir dem Leben mit unserem Körper eine Form geben, damit es sich manifestieren kann, müssen wir auch unseren Wünschen die richtige Form geben. Widerstand und in der Folge das Unglücklichsein zeigen nur, dass man sich auf etwas konzentriert, was man nicht will. Frage dich deshalb regelmäßig, was du willst. Verwandle deine Wünsche in Ziele, und bewege dich so in die Richtung deines Glücks.

Alles, was dich erreicht, ob erfreulich oder unerfreulich, will dich bereichern. Unsere negativen Emotionen – die Verspannungen – zeigen zum Beispiel, dass wir uns mental auf einem falschen Gleis befinden, und fordern uns auf, etwas loszulassen und einen neuen Kurs zu wählen. In dem Beispiel eines unzuverlässigen Kollegen kann man sich fragen, bei welchen Gelegenheiten man selbst unzuverlässig ist. Dieser Kollege ist möglicherweise ein Spiegel, die Reflexion unserer eigenen Schattenanteile und Schuldgefühle, und das Leben hat ihn uns vor die Nase gesetzt, damit wir uns und unsere eigene Unzuverlässigkeit erkennen und heilen können.

Das Licht wiederherstellen und Vergebung gewähren

Mit der dritten Weisheit empfiehlt uns *Huna,* uns selbst und allen anderen unseren gemeinsamen Irrtum bedingungslos zu vergeben und uns so bewusst wieder dem Licht zuzuwenden. Wir schauen auf unseren inneren Reichtum und lösen alles auf, was unser Herz dunkel macht. Wenn du zum Beispiel jemanden kennst, der manchmal sehr wütend ist, dann ist diese Wut seine Dunkelheit. Im Grunde besitzt dieser Mensch Kraft, Durchsetzungsvermögen und die Fähigkeit, sich abzugrenzen. Diese Eigenschaften wären sein lichter Teil, doch leider verdeckt die Wut seine natürliche Kraft und verkehrt die positiven Qualitäten ins Negative, zum Beispiel die Fähigkeit, Grenzen zu setzen. Anstatt die Schwachen zu beschützen, verletzt er möglicherweise sogar Schwächere. Wenn dieser Mensch nun seinen dunklen Anteil – meist eine frühkindliche Verletzung – erlöst, kommt er in seine ganze Kraft und hat damit wieder die Fähigkeit, anderen zu helfen.

In einer alten Geschichte Hawaiis wird erzählt, dass unser Herz einer Schale gleicht. In dieser Schale brennt ein anmutiges und wundervolles Licht – die Flamme der Liebe, *Aloha.* Mit dieser und durch diese Liebe ist uns alles möglich. Kraft der Flamme von *Aloha* kann man mit den Vögeln fliegen und mit den Haien schwimmen. Jedes Mal, wenn jemand nun zum Beispiel ärgerlich oder neidisch ist, so geschieht es, dass sich ein kleiner Stein in die Schale des Herzens legt. Dieser Stein verdrängt das Licht, die Flamme von *Aloha,* und es wird dunkler – denn zwei Dinge können nicht gleichzeitig denselben Raum einnehmen. Wenn man einen, zwei oder mehrere Steine in seiner Schale hat, braucht man nur eines zu tun: Man dreht die Schale um, und sofort fallen die Steine wieder hinaus. So brennt das innere Licht der Liebe wieder hell, sanft und strahlend wie zuvor.

Nahezu jeder Mensch hat irgendjemanden, dem er irgendetwas nachträgt – oder es gibt etwas, was man sich selbst noch nicht verziehen hat. All dies bindet uns mit schweren Ketten, denn solange wir ein Thema nicht gelöst haben, bleiben wir mit Tätern und Opfern energetisch verbunden. Es fesselt uns an all die Negativität und sperrt die Liebe, die Freude, die Fülle und auch die Heilkraft aus.

In einem Frühjahr telefonierte ich mit dem Besitzer einer Ferienwohnung, die mir empfohlen worden war. Er fragte mich, was ich beruflich machte, und als ich ihm antwortete: »Ich gebe Seminare zum Thema Vergebung«, rief er: »Ha, das ist genau mein Thema! Ich kann nicht vergeben.« Er berichtete mir daraufhin, wie er vor etwa zehn Jahren betrogen worden war und viel Geld verloren hatte. Er hatte nämlich einen Mieter in besagter Wohnung, der seine Hunde und Katzen ihre Geschäfte im Haus verrichten ließ. Eines Nachts verschwand dann der Mieter, hinterließ seine Hunde und Katzen, eine verwüstete Wohnung und eine Menge Mietschulden. In jahrelanger Arbeit und mit hohen Kosten renovierte mein Gesprächspartner die Räume nach Feierabend und machte eine Ferienwohnung daraus. »Ich habe mir sagen lassen, Sie haben da eine wunderschöne Wohnung«, lobte ich ihn. »Nein, ich habe keine schöne Wohnung, sondern ein Magengeschwür«, rief der Mann ins Telefon. »Oh, das tut mir leid«, erwiderte ich, und als ich ihn fragte, ob es nicht Zeit sei, die Sache loszulassen und zu vergeben, meinte er nur trocken: »Niemals. Ich will Rache.« Er hasste diesen Mann, seinen Ex-Mieter, und meinte: »Der soll bezahlen!« Schließlich lud ich ihn zu einem Seminar ein, doch er winkte ab.

Die Geschichte hatte ein tragisches Ende, denn wie ich hörte, starb der Vermieter an seinem Magengeschwür. Für mich ist offensichtlich, woran dieser Mann wirklich starb und wer hier alles bezahlen musste. Mit seinen Scheuklappen konnte er nicht sehen, was er Schönes geleistet hatte. Er hatte keine Wertschätzung für seine Wohnung – noch immer sah er vor seinem geistigen Auge die Verwüstung. Er konnte nicht erkennen, welche Körperkraft, welch handwerkliches Geschick und welche Ausdauer er besessen hatte, nach Feierabend noch zu arbeiten. Möglicherweise war auch seine Beziehung angespannt, weil er das ihm zugefügte Unrecht immer wieder thematisierte. Sicherlich machte er sich selbst schwere Vorwürfe, solch einen Mieter geduldet zu haben, nicht aufgepasst zu haben usw., und mit diesen Scheuklappen überhörte er die Einladung des Universums, ein Vergebungsseminar zu besuchen. Es stimmt mich traurig, da ich diese Zeilen schreibe, denn wie viele Botschaften mögen wir alle selbst überhören? Auch dieser Mann ist unser Lehrer.

Wenn unser Leben schwer wird, das Herz traurig und der Blick düster, so ist es an der Zeit, unsere Schale zu leeren und das Herz von den schweren Steinen der Vergangenheit zu befreien. Um die belastenden Erinnerungen zu bereinigen und um zu gesunden, empfehlen Therapeutinnen rund um den Erdball die Vergebung. Das Gewähren von Vergebung heißt auf Hawaiianisch *Kala.* Wenn wir vergeben, wenden wir uns sozusagen wieder dem Licht zu. Alles wird dann klar und wieder möglich, weil die Fesseln – die sogenannten *Aka*-Schnüre – abfallen. Wir werden frei, indem wir vergeben. Damit das genauso leicht wird wie das Loslassen, empfiehlt *Huna* die vier Schritte des *Ho'oponopono.*[*] Vergebung bedeutet nicht, ein Unrecht zu rechtfertigen, sie reinigt vielmehr das Herz von all der Dunkelheit, die sich durch die schmerzlichen Erinnerungen dort angesammelt hat. Solange wir jemandem grollen, sind wir energetisch mit dieser Person verbunden. Trotzdem glauben manche Menschen, dass der Akt der Rache sie von ih-

* Auführlich beschreibe ich sie in meinem Buch *Heile dich selbst, und heile die Welt.* Schirner, Darmstadt 2016.

ren dunklen, nagenden Gefühlen befreien werde. Sie erwarten, ihre eigene Aggression und das Leiden des anderen werden ihnen Erleichterung verschaffen. Die Erfahrungen, Berichte und psychologischen Untersuchungen beweisen allerdings das Gegenteil. Wer glaubt, durch Hass und mit Rache seine Gefühle und Emotionen zu verändern, kann gleich zwei Gräber schaufeln, wie ein chinesisches Sprichwort sagt.

Alle erfolgreichen Menschen, also Menschen mit reichen Beziehungen, oft guter Gesundheit, meist ausreichenden finanziellen Mitteln und viel Freude im Leben, haben mehrere gemeinsame charakterliche Eigenschaften, und eine davon ist die Fähigkeit, schnell zu vergeben. Sie bleiben locker, weil sie größer sind als das Problem. Die Fähigkeit, rasch den Blick von der Vergangenheit weg auf das Jetzt und dann wieder in die Zukunft zu richten, ist ein entscheidendes Merkmal persönlicher Reife – zu vergeben ist ein Zeichen emotionaler Weisheit und spiritueller Fülle.

Die Fülle mag keine Kontrolle, sondern Freiheit:
Freiheit und Selbstbestimmung sind Fülle.
Das Leben möchte fließen.

Du bist nicht deine Vergangenheit –
sie hat dich nur hierher gebracht.
Du bist das, was du
in diesem Augenblick bist.
Du kannst deinen Weg jederzeit wählen.
In diesem Moment kannst du
deine Zukunft verändern,
indem du neue Ursachen säst.
(Manawa)

Der Segen des Augenblicks

Manawa – Der Moment der Kraft ist jetzt

In diesem Kapitel berichte ich dir, welche Kraft und Fülle im Hier und Jetzt steckt und wie du an diesen magischen Ort gelangen kannst. Außerdem zeige ich dir eine Technik, Entscheidungen zu treffen, damit du dein Leben jederzeit in eine neue und erfüllende Richtung lenken kannst.

Was ist ein Moment, was ist Kraft, und was ist das Jetzt?

Manawa beschreibt drei Komponenten, nämlich die Zeit, den Ort und die Energie. Die Zeit wird in ihrer kleinsten Einheit, einem Moment – dem Jetzt – beschrieben, der Ort wird als ein kaum zu fassender Punkt – das Hier – erfasst, und Energie ist Kraft. Spricht *Manawa* deshalb geradezu von einer Art magischem Raum-Zeit-Kontinuum, dem eine Kraft innewohnt, die alles verändern kann?

Obwohl wir technisch unsere Zeit, den Fluss der Sekunden, messen, so bewegen wir uns im wirklichen Leben doch nicht von Sekunde zu Sekunde, sondern von Moment zu Moment. In der ersten Auffassung gibt es uns, die wir uns bewegen, und es gibt den Fluss der Zeit, der ganz unabhängig von uns dahinströmt. Ob wir existieren oder nicht, die Zeit fließt. Die alten Griechen nannten dieses Phänomen *Chronos.* Diese Zeit erfassen wir mit einem Chronometer, einer Uhr. Anders unser Zeitempfinden: In diesem Moment liest du diese Zeilen. Warte einen Moment, einen Augenblick, halte inne, und lass uns die Zeit etwas dehnen. Atme ein, und atme sanft aus. Werde still und aufmerksam. Höre in diesen Moment hinein. Lass uns diesen Moment erleben, den Tag, den Abend, den Atem des Lebens, all das ist in diesem einen Moment enthalten. Dieser Moment ist alles – alles, was ist, und alles, was wir haben –, jetzt, während der Fluss der Zeit vorbeizieht und die Sekunden im Stundenglas verrinnen. Der Vogel, der Delfin, die Katze und der Baum – sie zählen nicht die Minuten, sondern leben in diesem einen Augenblick. Auch für diesen Moment hatten die alten Völker einen Begriff. Die Griechen nannten ihn *Kairos,* und die Inder sprechen in den Schriften des Lichts von der *Muhurta,* einem Moment mit besonderer Qualität – günstig zur Entscheidung und ungünstig, wenn man ihn ungenutzt verstreichen lässt.

In diesem Moment liegt deine Kraft und nicht in der unfassbaren Sekunde. Dieser Moment, während du dieses Buch liest, ist ganz erfüllt von deinem Leben, und immer, wenn du innehältst, achtsam atmest, in die Stille gehst, dann erlebst du dein Leben, deinen Moment, der dich mit allem verbindet, was ist. Das gilt es zu erleben. So können wir existieren und auf die Uhr schauen und uns wundern, wie die Zeit vergeht, oder unser Leben mit lauter wundervollen Momenten füllen. Dein Ziel ist es, ein erfülltes Leben zu leben und irgendwann auf ein erfülltes Leben zurückzublicken. Dein Leben darf keine Lüge sein, sondern soll eine Bejahung sein. Das Leben ist keine Zitrone, die man auspresst, sondern etwas Zartes, dem wir staunend wie Kinder gegenüberstehen dürfen. Immer, wenn du zum Beispiel »Danke« sagst, schaffst du einen Moment der Fülle. Mit jedem »Danke« legst du dir ein Bankkonto mit wertvollen Erinnerungen an, einen Schatz, aus dem du schöpfen kannst, weil du ein Leben voller reicher Erfahrungen gesammelt hast. Es gibt nur dich, hier im Jetzt, und deine Kraft, Danke zu sagen für die gemachte Erfahrung und weiterzuschreiten. Damit machst du dich zum Kapitän auf dem Schiff deiner Reise und bewegst dich von Moment zu Moment im Fluss der Zeit.

Die Kraft, sich jetzt neu zu entscheiden

Stelle dir nun vor, du fährst mit dem Auto. Vielleicht möchtest du jemanden besuchen, einen Einkauf tätigen oder eine kleine Reise unternehmen. Für den Weg, der vor dir liegt, spielt es keinerlei Rolle, wo du gestern warst, es ist völlig gleichgültig, ob du vor zehn Kilometern kurz angehalten hast und wie du dich vor einem Kilometer fühltest. Alles, was beim Autofahren zählt, ist, wohin du gerade lenkst. Wo du jetzt, in diesem einen Moment hinlenkst. Wohin deine Räder zeigen, dorthin fährst du. Der Fluss der Zeit hat dich ins Hier gebracht, doch jetzt kannst du deine Vergangenheit hinter dir lassen und eine neue Richtung einschlagen. In jedem Augenblick deine Richtung neu zu wählen, ist deine große Kraft, denn dorthin, wohin du schaust, lenkst du dein Leben.

Ich weiß nicht, ob es heute noch immer üblich ist, doch in den 1980ern gab es im Rennsport eine Trainingseinheit, die folgendermaßen aussah: Der junge Rennfahrer wurde in einem präparierten Fahrzeug auf die Rennstrecke geschickt, und in irgendeiner Kurve löste der Trainer mittels einer Fernbedienung einen Mechanismus aus, der zwei Räder blockieren ließ. Der Wagen kam dadurch von der Fahrbahn ab, und der junge Pilot steuerte auf die Strohbanden zu, in denen er dann auch prompt landete.

In der anschließenden Besprechung erklärte der Trainer dem jungen Rennfahrer, er solle in dem Moment, da die Räder blockierten und er auf die Bande zuraste, seinen Kopf in Richtung freie Fahrbahn wenden, denn man lenke automatisch immer dorthin, wohin man schaute. Starre der junge Pilot auf die Bande, werde er darauf zuhalten, wende er hingegen seinen Kopf in Richtung Fahrbahn, würden seine Arme und Hände der Bewegung folgen und so auch das Fahrzeug. In den nächsten Runden wurden wieder die Räder blockiert, und meist landete der junge Rennfahrer noch ein- bis dreimal im Strohhaufen, bis er es schließlich schaffte, seinen Kopf entgegen der Gewohnheit zu wenden und damit den Wagen zurück auf die Straße zu lenken.

Worauf du schaust, was du heute denkst und tust, das bringt dich in dein Morgen, denn das Leben, von dem du ein Teil bist, ist immer und ausschließlich ein schöpferischer Prozess. Wähle Freude, Erfolg, Liebe, Wohlstand, Frieden, und sie müssen sich irgendwann auf deinem Weg, vielleicht schon hinter der nächsten Kurve zeigen. In diesem einen Moment, dem Jetzt, liegt also eine enorme Kraft, nämlich die einzigartige Möglichkeit, deinem Leben eine neue Richtung zu geben – oder wie Gandhi sagte: »Es gibt keinen Weg zum Frieden, sondern Frieden ist der Weg.« Wohin willst du deinen Wagen also lenken?

Das Hier und das Jetzt

Alles, was wir jetzt tun, hat Auswirkungen, und so bewegen wir uns von Moment zu Moment durch Raum und Zeit – durch das Hier und das Jetzt – unter dem Gesetz von Ursache und Wirkung. Überall, wo du stehst, ist für dich das Hier, und für alle anderen ist es das Dort. Überall, wo jemand anderes steht, ist für diesen sein Hier, und so entstehen Relationen. Jede Beziehung ist eine Linie. Von der Ziffer Eins schreiten wir zur Ziffer Zwei – vom Ich zum Du.

Weil nun jeder im Hier steht, empfindet jeder selbstverständlich seinen eigenen Platz als wichtig und sieht sich selbst im Zentrum eines kleinen Universums. Wie um die Sonne im Mittelpunkt unseres Sonnensystems, so scheint sich alles in unserem Leben um uns zu drehen, und wie mit einer 360-Grad-Kamera bewegen wir uns durch unsere Welt. Weil bekanntlich der Weg das Ziel ist, kannst du all deine Freude in diesen einen Moment und das Hier legen und so ein erfülltes Leben führen. All deine Liebe, deine Entschlossenheit, dein Wissen wirken gebündelt als deine Kraft auf das Raum-Zeit-Kontinuum, und von diesen Koordinaten ausgehend, schreitest du auf dem Weg weiter und beeinflusst die Zukunft.

Mit anderen Worten: Du hast mehr Kraft und Macht, als du vermutest, und das legt einen Paradigmenwechsel nahe. Anstatt von der Welt beeinflusst zu sein, könntest du dich entscheiden, auf die Welt mit Licht und Liebe einzuwirken, weil du diesen einen Moment und diesen Raum ganz mit Freude und Erleben ausfüllst. Was hältst du davon, zu wachsen und dein Hier und Jetzt ganz mit deiner lichtvollen Präsenz auszufüllen? Du bist ein Teil dieser Welt, und so, wie du dich entwickelst, so entwickelt sich die ganze Welt. Indem du dich heilst, heilst du die Welt.

In diesem einen Moment, dem Jetzt, liegt eine enorme Kraft, nämlich die einzigartige Möglichkeit, deinem Leben eine neue Richtung zu geben.

Von der Fülle der Zeit

Unsere Zeit hier auf Erden ist begrenzt. Zwischen dem Startschuss bei der Geburt und dem Überschreiten der Ziellinie namens Tod haben wir eine bestimmte Zeitspanne, die wir in Jahren, bestenfalls in Tagen messen. Zeit: Sie ist unser wertvollstes Gut, denn du kannst immense Geldsummen verdienen, danach wieder verlieren und möglicherweise wieder zurückgewinnen, doch keine einzige Minute, nicht eine einzige Sekunde kannst du festhalten oder gar zurückholen. Mit jeder Sekunde, jeder Minute, mit jeder Stunde und jedem Tag rückt unser physischer Tod näher, und aus diesem Grunde liegt unser Tod nicht nur vor uns, sondern hat unser Sterben bereits begonnen. Diese Erkenntnis verändert das Leben, und als würde ein Schleier von uns genommen, gewinnt das Leben plötzlich an Bedeutung.

Stelle dir vor, du lebtest in einer fremden Welt, in einem Paradies, und hättest dort ein Bargeldvermögen geerbt. Testamentarisch wären zwei Dinge festgelegt worden, nämlich erstens, dass du nicht erfahren kannst, wie hoch dein Kontostand ist, und zweitens, dass du in dieser neuen Welt keinerlei Möglichkeit hast, dir weiteres Geld zu beschaffen. Wäre dein Vermögen aufgebraucht, hälfen kein Jammern und kein Klagen, sondern du würdest des wundervollen Landes verwiesen und müsstest abreisen. Wie würdest du nun mit deinem Vorrat umgehen? Wärst du eher sparsam, oder würdest du mit dem Geld um dich werfen? Würdest du gesund leben oder dich wissentlich zugrunde richten? Bitte beantworte dir die Frage, was du kaufen würdest und welchen Wert diese Dinge für dich repräsentieren müssten. Welche Erfahrungen würdest du machen wollen? Bei deinen Antworten gibt es kein Richtig oder Falsch, sondern nur eine Einstellung zum Leben, denn in diesem Beispiel repräsentiert dein Erbe an Geld deinen Vorrat an Lebenszeit.

Weil die Zeit und ihr Voranschreiten so sanft und wenig sichtbar sind, messen die wenigsten Menschen diesem höchsten Gut auch die größte Bedeutung bei. Erst, wenn die Falten nicht mehr zu übersehen sind, dann fragen wir uns, wie die Zeit so plötzlich vergangen ist. Doch das geschah nicht plötzlich. Wir haben unserer Zeit, unserem Erleben der vielen Momente und dem Vorrat auf unserem Konto nur keine Bedeutung beigemessen. Die Vorsilbe er- (zum Beispiel in er-leben, er-fahren) bedeutet »aus, heraus«, und so haben wir, anstatt aus unserem Innern heraus zu leben, unsere Zeit mit Äußerlichkeiten verbracht, die so vergänglich sind wie ein Wetterbericht. Selbst kleinste Geldbeträge werden geizig festgehalten, doch mit der eigenen Zeit gehen Menschen so verschwenderisch um, als hätten sie beliebig viel davon. Gilt es nicht zu fragen, wie viel Zeit wir echten Freundinnen und Freunden, unserer Gesundheit, der Schönheit der Natur widmen und wie viel Zeit wir uns selbst gönnen, um den Sinn des Lebens zu erkunden? Können wir die Momente, die uns das Leben schenkt, überhaupt annehmen? Ich behaupte, dass es einen Unterschied zwischen leben und existieren gibt, und bitte dich, dir auch diese möglicherweise unbequeme Frage zu stellen: Lebst du, oder existierst du?

Je mehr Zeit du also deinem eigenen Leben widmest und in deine persönliche Entwicklung steckst, anstatt deine Lebenszeit und Energie an Menschen zu verschwenden, die es dir gar nicht danken, desto mehr Selbstachtung, Eigenliebe und Respekt erweist du dir selbst. Menschen, die jammern, klagen, kritisieren und lästern, zuzuhören, ist nicht höflich, sondern sich selbst gegenüber rücksichtslos, weil es die eigene Lebenszeit vernichtet. Das sind keine schönen Momente – im Gegenteil, sie machen dich arm, denn wenn wir selbst nicht wachsen und uns weiterentwickeln, führt uns das irgendwann in die Frustration.

Als ich bei der Bundeswehr war, da hatte jeder Wehrpflichtige ein Maßband, und als die letzten einhundert Tage der Wehrpflicht anbrachen, schnitt man täglich einen Zentimeter ab: einen Zentimeter pro Tag, der uns der Entlassung näherbrachte. Es war wie ein großer Countdown, als ritten wir auf einer Zeitwelle, und am Tag der Entlassung riefen dann die jungen Rekruten: »Null!« Wenn du nun einmal wieder durch die Fernsehprogramme gezappt hast, ein paar Stunden im Social-Media-Netz gefangen warst oder Menschen nur widerwillig zugehört hast, dann darfst du ebenfalls etwas von deinem Lebensmaßband abschneiden – wertvolle Zeit ist für immer dahin.

Grundsätzlich, so behaupte ich, haben wir nicht zu wenig Zeit, sondern wir verschwenden schlicht einen großen Teil davon. Jeden Morgen wacht ein Mensch mit dem gleichen Budget von vierundzwanzig Stunden auf, und du erkennst den Unterschied, ob jemand ein erfülltes Leben führt oder nicht, daran, wie er seine Zeit nutzt. Erfüllte Menschen tauschen zum Beispiel nur bedingt ihre Zeit gegen Geld, und obwohl sie viel beschäftigt sind, scheinen sie doch in mancherlei Hinsicht viel Zeit zu haben. Man sieht sie nie gestresst, und während sich andere Menschen nach dem Motto »time is money« abhetzen, wirken diese Meister der spirituellen Fülle ruhig und gelassen.

»In der Ruhe liegt die Kraft«, pflegt man zu sagen, weil wir die nervliche Entspannung, die Ruhephasen brauchen, die für das klare Denken, klare Entscheidungen und klares Handeln nötig sind. Sicher stimmst du mir zu, wenn ich behaupte, dass jemand, der angespannt ist, weder seine Zeit noch seinen Reichtum genießt. Genuss, Erlebnisse und die Liebe sind alle an den Augenblick und den Moment der Wahrnehmung gebunden. Je besser wir deshalb unsere Zeit in Achtsamkeit nutzen, desto mehr haben wir von unserem Leben. Zeit erleben wir nur im Hier und Jetzt und nicht auf dem Ziffernblatt einer Uhr, weshalb die wahre Fülle darin besteht, voller Bewusstheit und in Liebe von Moment zu Moment zu schreiten.

Du bist ein Teil dieser Welt,
und so, wie du dich entwickelst,
so entwickelt sich die ganze Welt.

Klingt vernünftig, und deshalb mache ich das … äh, später

Deine persönliche Fülle

Was auch immer du bis zu diesem Punkt des Buches für dich als deine persönliche Fülle identifiziert hast, sei es Gesundheit, eine erfüllte Partnerschaft, deine Berufung zu leben, finanzielle Freiheit oder die Beziehung zu deinem spirituellen Sein zu vertiefen – ich bitte dich jetzt, dich zu fragen, warum du das in deinem Leben bisher noch nicht erreicht hast. Frage dich direkt: »Warum bin ich nach all den Jahren noch nicht in der Fülle?« Notiere dir bitte die Antwort, bevor du weiterliest.

Falls du die Antwort nicht notiert hast, zeigt das dir (nicht mir), dass du nur ein weiteres Buch liest, doch nicht die nötigen Schritte gehen willst, um wirklich Fülle zu manifestieren. Das sage ich hart, aber herzlich, denn um etwas in die Welt zu bringen und zu Ergebnissen zu gelangen, müssen wir etwas tun. Oft sagen Menschen: »Ich muss das nicht aufschreiben«, doch wie oft hatten wir hervorragende Gedanken, meist abends vor dem Einschlafen im Alpha-Zustand, die wir eben nicht notierten und dann doch vergessen haben? Nur zu denken, ist zu vage, der Gedanke verflüchtigt sich wie Rauch, und erst, wenn wir ihn aufschreiben, ist er präzise und zu Ende formuliert. Wenn du magst, dann entscheide dich jetzt für die Fülle und schreibe den Grund auf, warum du noch nicht in der Fülle bist. Warum bist du noch nicht dort, wo du sein willst?

Das Gros der Menschen sagt Ja und verfällt dann in eine Art Starre, aus der es erst nach einem S. E. I. (starken emotionalen Impuls), zum Beispiel einer Firmenpleite, einer Scheidung oder einem Herzinfarkt, wieder erwacht. Manche schaffen noch »klingt alles logisch, aber …«, und suchen dann nach einer Ausrede, jetzt nicht handeln zu müssen. Die alte Situation ist so bekannt und bequem, das Bett der Gewohnheiten so kuschelig warm, dass jede Ausrede willkommen ist, die Komfortzone nicht verlassen zu müssen.

Es ist klar, dass die Fülle nicht zu Menschen mit Aufschieberitis kommt. Das ist nämlich eine Krankheit, um die der Wohlstand einen großen Bogen macht. Wer beharrlich das gemeinsame Essen mit den Freunden aufschiebt, seine Idee nicht umsetzt und das Mit-dem-Rauchen-Aufhören auf das nächste Leben vertagt, hat wenig Aussichten, einen Blumentopf zu gewinnen. So wollen wir kurz untersuchen, wo sich überall diese Gedankenviren verstecken können, die uns zögern lassen.

In diesem Abschnitt möchte ich dich inspirieren, aus den Kinderschuhen hinauszutreten – das heißt, nicht mehr den Eltern, der Schule, den Ahnen, der Kirche oder der Erziehung einen Anteil, eine Mitschuld an deinem Mangel zu geben. Wie mit unsichtbarer Hand halten uns Entschuldigungen davon ab, das Tor zur Fülle aufzustoßen und hindurchzuschreiten. Wir alle haben eine reiche Palette an Argumenten, warum wir besser warten, zögern, unsichtbar bleiben und uns im Hintergrund halten – eben Ausreden. *Manawa* ist eine Empfehlung, sich heute zu entscheiden: nicht morgen zu vergeben, sondern heute, nicht morgen etwas für die Gesundheit zu tun, sondern heute, nicht auf die Rente zu warten, sondern heute etwas für die finanzielle Freiheit zu tun.

Holopono ist das Annehmen, das Anerkennen deiner Wünsche und Bedürfnisse. Wenn du dann noch handelst und damit die Verbindung zwischen Geist und Materie herstellst, kannst du alles, was du wirklich willst, auch erreichen. Gönne dir Gesundheit, finanzielle Freiheit und eine wundervolle Partnerschaft, und all das ohne Gier und, ohne jemanden zu verletzen.

Zwar ist es außerordentlich wichtig, zu unterscheiden, wann es vernünftig ist, zu handeln, und wann nicht. Doch wurde immer viel gewonnen, wenn Menschen sich entschlossen, beherzt ihren Weg zu gehen. Das Wort Entscheidung bedeutet, an einer Weggabelung zu stehen und einen der Wege zu wählen. Die meisten Menschen glauben, wenn sie warten und erst einmal nichts tun, sie zögern, dann hätten sie immer noch eine Wahl. Leider ist das ein Irrtum, denn sie haben den Weg des Wartens und Zögerns gewählt. Das hat weitere Reaktionen zur Folge, weil es, je länger man wartet und zögert, desto unwahrscheinlicher wird, dass man etwas tut.

»Sei mit der eigenen Entscheidung zufrieden«, lautet die Empfehlung von *Huna,* »und bleibe locker – *Holo Holo*«. Die Masse der Menschen handelt, wenn etwas Negatives passiert ist oder ihr Hab und Gut bedroht ist, doch nur wenige tun auch etwas, damit Positives geschieht. Die Erfahrung lehrt uns, dass Menschen eher etwas tun, um einhundert Euro nicht zu verlieren, als, um einhundert Euro zu verdienen. Lieber wartet man auf die Rente, auf den Urlaub, das nächste Wochenende, schließt noch eine weitere Versicherung ab und ist unglücklich im Hier und Jetzt. Man will gern weg und weiß doch nicht, wohin. Man zögert, hat Ängste und sorgt sich um das, was die Nachbarinnen sagen. Das Leben der anderen, der Stars und Adligen, wird wichtiger als die eigene charakterliche Entwicklung.

Wenn du also in die Fülle willst, dann kannst du mit *Manawa* deinem Leben eine neue Richtung geben. In diesem einen Augenblick steckt ein großer Segen – *Kumuhana* –, denn es liegt an dir, wohin du dein Leben lenkst. Wie du in deine Kraft kommst, um möglicherweise das Ruder herumzureißen, davon handeln das nächste Kapitel und die nächste *Huna*-Weisheit.

Großartige Ressourcen an Wissen
und Fähigkeiten ruhen in dir.
Die Kraft, alle Probleme
in deinem Leben zu lösen, liegt in dir.
Mache daraus ein Paket,
und schenke es der Welt.
(Mana)

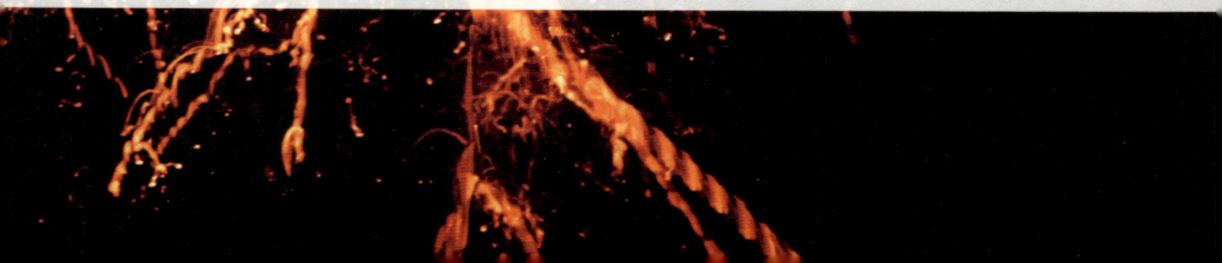

Deine Stärke kommt aus dem Herzen

Mana – Alle Kraft kommt von innen

Das Leben hat für alles einen großartigen Platz vorgesehen. Diese große Familie, *Ohana,* nennt man das Ökosystem. Hier hat alles einen Sinn und eine Bedeutung. Auf die eine oder andere Weise tauschen wir miteinander Energie aus, wir geben und nehmen und dienen einander im Kreislauf des Seins. Der ganze Planet ist ein Fließen und eine beständige Transformation von Energie. In diesem Kapitel erfährst du etwas über deine persönliche Kraft und Energie, lernst, sie anzunehmen, und natürlich auch, allen anderen diese Kraft zu gönnen.

Mana heißt allgemein Energie und bezieht sich je nach Zusammenhang auf unsere innere Stärke, unsere Lebenskraft, unsere Vitalität, unser Wissen oder unsere Fähigkeiten und Talente. Alles, was diese fünf Punkte kräftigt, baut unser *Mana* auf, zum Beispiel eine gesunde Ernährung, bewusstes Atmen, Meditation, Sonnenlicht, Sport, Tanzen, Wandern, Respekt gegenüber Älteren, Lehrerinnen, Lehrern und dem Leben und Weiterbildung, um nur einige zu nennen. Die Lebensweisheit und das Energieprinzip zu *Mana* lautet: »Alle Kraft kommt von innen.«

Jede einzelne unserer Kräfte kommt aus einem tieferen, inneren Bereich unseres Daseins. Es gibt Kräfte, die uns Vitalität und charakterliche Stärke verleihen, und andere, die uns hindern, bremsen, die das Leben einschränken und ermüden. Beide finden ihren Ursprung auf körperlicher Ebene im Energieaustausch der Zellen, auf der geistigen und seelischen Ebene in unserer Psyche und der Tiefe unseres Herzens. Eine besonders große Kraftquelle ist unsere Psyche, denn wir sind das, was wir tief in unserem Herzen über uns selbst denken, das heißt, was wir glauben zu sein. Mit Selbstvertrauen und einem positiven Selbstbild lebst du möglicherweise gesünder, doch auf jeden Fall glücklicher als zum Beispiel mit wenig Selbstvertrauen und einer schwachen Psyche. Dein Selbstwert, deine Selbstachtung und das Bild, das du von dir im Herzen trägst, bestimmen dein Leben. Sie musst du stärken, um in der Fülle zu sein.

Wir entwickeln uns in Richtung unserer primären Gedanken und Emotionen. Wenn wir von der Psychosomatik sprechen, meinen wir damit den Einfluss des Denkens und Fühlens auf das Soma, den Körper. Weniger im Kopf, sondern mehr in deinem Herzen triffst du die Entscheidung, was du dir zutraust. Die Psyche ist der Oberbegriff all unserer Gefühle, der mentalen und emotionalen, der bewussten und unbewussten gedanklichen Vorgänge, dessen, was man im Westen das »Seelische« nennt. Sie ist die große treibende Kraft, denn wir werden nach und nach zu dem, woran wir die meiste Zeit denken. Große Sportler wurden groß, weil sie beständig über ihr Training nachdachten, ihre Bewegungsabläufe visualisierten und sich selbst sahen, wie ihnen das Publikum zujubelte. Das, worüber wir nachdenken, meditieren und kontemplieren, was wir für möglich halten, erwarten und immer und immer wieder hervorholen – sei es positiv oder negativ –, nimmt in unserem Leben Gestalt an. Niemand erreichte Größe, weil er etwa mittelmäßig dachte. Nein, jemand, der in Fülle denkt, manifestiert die Fülle in seinem Leben, weil er Wege findet, wie seine Gedanken Form annehmen. Auf der anderen Seite leben viele Menschen weit unter ihren Möglichkeiten, weil sie Ängste, Sorgen, Zweifel und einfach keinen Glauben an sich und an die Welt haben – weil sie ein schwaches Selbstbild besitzen, wenig Selbstwert und Selbstachtung.

Du wirst zu dem, was du denkst

Werden unsere seelischen Wunden – auch aus der Geschichte – nicht geheilt, so neigen wir Menschen dazu, uns selbst oder andere zu verletzen. Der starke emotionale Druck sucht sich ein Ventil. Wer (vielleicht nur subjektiv) erlittenes Unrecht, Enttäuschungen und aufgestaute Wut nicht erlöst, kann diesen Zorn irgendwann gegen sich selbst oder auf andere richten. Es ist ein Prozess von Ursache und Wirkung, und das kann völlig unterschiedliche Ausdrucksformen annehmen: möglicherweise Essstörungen, Lethargie und Depression, Zerstörung von Beziehungen und der Karriere, verbale und körperliche Angriffe, Selbstverletzungen bis hin zum Suizid.

Alles, was Menschen permanent kritisieren und ablehnen, manifestiert sich in ihrem eigenen Leben, weil sie ihr Gehirn darauf konditionieren und ihrem Unterbewusstsein und dem Universum sagen: »Das will ich.« Das erklärt, warum viele Menschen, die ihre Eltern ablehnen, sich irgendwann genauso wie diese verhalten. Für dein Unterbewusstsein und deine Neuronenverbindungen existiert kein »nicht«, »niemals« oder »kein«, entweder wird an etwas gedacht oder nicht. So sagt man, das Universum, dessen Teil du bist, sei ein schöpferischer Prozess, der sich nie fragt, was er nicht will, sondern immer nur, was er will. Zu diesem Schluss kommen auch immer mehr Quantenphysiker, die heute annehmen, dass das ganze Universum ein einziges denkendes Wesen ist, an dem wir mit beteiligt sind.

Weil nun fünfundneunzig Prozent all unseres Handelns unbewusst, aus Gewohnheit passiert, ist es so dringlich und wichtig, das Denken zu beherrschen und sich immer und immer wieder der eigenen Gedanken bewusst zu werden und diese zu steuern. Nahezu alles, was du in deinem Leben siehst, das heißt nahezu all deine Lebensumstände, sind das Ergebnis deiner Gewohnheiten. Um diese fünfundneunzig Prozent weise zu lenken, gilt es nun, die fünf Prozent des bewussten Denkens als eine Art Hebel anzusetzen. Du bist der Kapitän (die fünf Prozent), der die Mannschaft (die fünfundneunzig Prozent) anführt. Jede Zelle deines Körpers besitzt ein Bewusstsein und weiß, was gerade im Körper zu tun ist. Gleichzeitig gibst du mit deinen Entscheidungen und konkreten Zielen den Oberbefehl, wohin du willst bzw. wohin sich alle zusammen bewegen sollen.

Bewusstheit und die Fähigkeit, zu denken, gehören zu unserer besonderen menschlichen Kraft, denn je bewusster wir sind, desto mehr Einfluss und Kontrolle haben wir über unser Leben. Aus unseren Gedanken entwickeln sich unsere bewussten und unbewussten Entscheidungen, daraus unser Handeln und schließlich unsere Lebensumstände. Dein Leben – deine Wohnung, dein Partner oder deine Partnerin, deine Arbeit, deine finanzielle Situation und auch deine Gesundheit – ist auch das Ergebnis deines Handelns auf der Grundlage deines bewussten und unbewussten Denkens. Daher befindet sich all deine Kraft, etwas in deinem Leben zu verändern, in dir. Die Lösung all deiner Probleme liegt in deinem Innern.

So, wie sich dein Auto in die Richtung bewegt, in die du lenkst, so hast du in deinem Innern die Kraft, deinem Leben eine neue Richtung zu weisen. Zusammenfassend kannst du deshalb sagen: »Ich übernehme jetzt die Verantwortung für mein Leben.« Dieser Satz gibt dir Kraft, denn du wechselst aus dem Täter-Opfer-Retter-Spiel, von der Opferrolle ohne Macht, in die selbstbewusste, aktive, neutrale Position des Beobachtens. Darin liegt deine Fülle, denn du nimmst deine Macht wieder an und gönnst dir ein eigenes Leben. Anstatt zum Beispiel auf keinen Fall so zu sein wie deine Eltern oder irgendjemand anderes und frustriert vom Schmerz einer Enttäuschung in die entgegengesetzte Richtung zu laufen, findest du dich endlich selbst, bist dir deiner selbst bewusst und einfach und endlich nur du.

Du musst verstehen, dass das Gegenteil davon, etwas zu tun, noch nicht bedeutet, du selbst zu sein, denn allzu oft ist dies ebenfalls nur eine Reaktion. Als Kapitän auf dem »*Wai-Wai*-Ozean« kannst du *Mana* deshalb auch als Macht übersetzen, als jene Kraft, die du dir selbst gibst. Es ist deine Selbstermächtigung für dein Leben. Für unser Leben brauchen wir Macht und Kraft, und um sie zu erhalten, müssen wir uns vor allem auch selbst achten und selbst respektieren. Niemand möchte machtlos sein, und trotzdem entmachten sich Menschen manchmal selbst, weil sie sich unbewusst für wertlos und unwürdig halten. Andere geben ihre Macht an solche ab, die damit respektlos umgehen, und wieder andere übertragen die Verantwortung für ihr Leben in geradezu absurder Weise an Menschen, die schon tot sind – zum Beispiel, wenn sie auf ihre verstorbenen Eltern wütend sind. Um ein Leben in Selbstbestimmung und Fülle zu führen, ist es wichtig, dass du dich selbstbewusst achtest und dass du zu deiner Kraft, deinen Fähigkeiten, deinen Talenten und zu deinen Werten stehst.

Unter diesem Aspekt der Selbstermächtigung können wir *Mana* auch als Tugend übersetzen, denn es sind unsere inneren Werte wie Entschlossenheit, Disziplin, Mut und Demut, Mitgefühl, Respekt gegenüber dem Leben und der Sinn für den Frieden und für Gerechtigkeit, die uns innere Stärke verleihen. Menschen, die Werte besitzen, sind von Charisma umgeben. Frage dich, mit wem du beispielsweise lieber zusammenarbeiten würdest: mit jemandem ohne Werte oder jemandem, der für etwas steht. Deine Antwort ist sicherlich eindeutig. Frage dich nochmals, was dir selbst wirklich wichtig ist. Sind dir deine Familie, der Erhalt der Regenwälder, die Artenvielfalt, das Leben, der Umweltschutz wichtig, oder bist du dir selbst der Nächste? Finde es heraus, und schaffe dir starke Werte, die dir wie Leuchttürme die Richtung weisen, auch bzw. gerade dann, wenn es in deinem Leben einmal stürmt.

Jemand, der unter Depressionen leidet – hawaiianisch *Manawai* –, steht nur mit einem Bein im Fluss des Lebens *Wai Wai.* Ohne Antrieb driftet er dahin und wird von den Wellen des Meeres geschaukelt. Ich deute Depression auch als eine Angst vor dem nächsten Schritt im Leben. Allgemein spricht man von einem Druck, doch ich weiß auch, dass wir uns selbst Druck bereiten können, indem wir zögern und uns vor dem Leben verschließen. Wenn eine Firma zum Beispiel keine Liquidität besitzt, also kein Geld flüssig hat, weil sie nichts verkauft, lautet das Heilmittel, den Verkauf anzukurbeln, denn nur der Verkauf der Produkte oder der Dienstleistung bringt Einnahmen (Cashflow). Genauso sehe ich als Lösung für eine Depression – eine Phase der Antriebsschwäche und des Empfindens von Sinnlosigkeit – das Handeln. Tun schafft Selbstwert und gibt neue Kraft. Man muss raus aus der Höhle und hinaus ins Sonnenlicht, beherzt atmen, in die Hände klatschen und seinen Fuß wieder ins Leben setzen. Im Grunde fühlt man sich tief in seinem Herzen so bedrückt, weil man sich fürchtet, einen Schritt zu machen, nicht weiß, welchen, und das wird zu einer Gewohnheit. Das Thema der Depression, Melancholie und Selbstentmachtung pointierte Charles M. Schulz, der Schöpfer der »Peanuts«, in einer seiner kurzen Cartoon-Storys: Linus, eine der Figuren, besucht den melancholischen Charlie Brown. Als Linus diesen fragt, ob er mit ihm draußen spielen möchte, antwortet Charlie Brown: »Nein, denn dann könnte es mir ja besser gehen.«

Kennen wir nicht alle solche Phasen, da man sich gegen eine helfende Hand wehrt? Sicherlich, aber zeigte sich nicht jedes Mal, wenn wir einen ersten Schritt machten und uns überwanden, wie auf magische Weise darauf folgend der nächste Schritt? Unsere Kraft liegt im Innern, und unsere Aufgabe ist es, diesen ersten Schritt zu machen, sodass sich die Energie entfalten kann – wie das Leben, das sich entfaltet.

Das Leben ist Fülle und ein Austausch von Energie. Wir brauchen Ressourcen in Form unserer Gesundheit und guter Freundinnen und Freunde, die uns auch in schwierigen Zeiten zur Seite stehen. Gleich, was du in deinem Leben anstrebst, du brauchst Energie – und das auch in Form von Geld. In unserer Gesellschaft geht es nicht ohne Geld. Wir tauschen damit Waren ein, und du hast damit zum Beispiel dieses Buch gekauft, um in dich selbst zu investieren. Das ist ein gutes Zeichen, denn schließlich investiert man nur in Dinge, von deren Wert und Potenzial man überzeugt ist. Wir sind ebenfalls Energie, und alles auf diesem Planeten dreht sich um Energie. Es ist wie das Atmen: ein Kommen und Gehen. Unser Körper kommt von Mutter Erde, und er geht dorthin zurück. Auch eine liebevolle Beziehung ist ein Energieaustausch.

In der Fülle zu sein, heißt, *Mana* zu haben, und weil die Natur reine Fülle ist, brauchst du dich nur mit der Natur zu verbinden, um Energie zu bekommen. Gehe laufen, joggen, lange spazieren, mache draußen Yoga oder Tai Chi. Atme tief, atme das Sonnenlicht in jede Zelle deines Körpers, und dusche ab und an kalt. All das kostet keinen zusätzlichen Cent. Es wird dich erfrischen und deinen Körper und Geist erneuern. So kommst du auf neue Ideen, wie du deine Fähigkeiten zum Wohle anderer gebrauchen und das auch in bare Münze verwandeln kannst, um wieder Waren dafür einzutauschen.

Der Segen der Eltern

Mana erhalten wir vor allem von unseren Eltern. Sie sind die Vertreter des kosmischen Schöpfungsprozesses und haben sich dazu zur Verfügung gestellt, uns ins Leben zu bringen. Manchmal sagt man, wir hätten uns unsere Eltern selbst ausgesucht, weil wir etwas Besonderes lernen wollen. Der zweite Teil dieser Wahrheit lautet, dass das Höhere Selbst (haw.: *Aumakua*) uns diese Eltern ausgesucht hat, weil sie genau zu dem passen, was wir lernen müssen, um uns weiterzuentwickeln. So kommen wir nicht von unseren Eltern, sondern durch unsere Eltern ins Leben, und wenn wir das einfach annehmen und wertschätzen – gleichgültig, was auch immer in unserer Kindheit geschehen ist –, dann erhalten wir *Mana:* Kraft. Wir erhalten nicht nur neue Lebenskraft, weil wir aus der Opferrolle und aus den drückenden Kinderschuhen hinaustreten, sondern ein ganz besonderes *Mana:* kosmisches *Mana.* Hierin erkennst du nun das Geheimnis des vierten Mosaischen Gebotes, das uns empfiehlt, Vater und Mutter zu ehren, weil man dadurch Gesundheit und Wohlstand bekomme. Unter den Zehn Geboten ist dieses das einzige mit einem Heilversprechen. Es ist das *Mana,* das reichlich zu dir fließen wird, sobald du das Geschenk der Eltern annimmst und ihnen diese Ehre gönnst. Dadurch bringst du dich mit deinem kosmischen Plan, der vor deiner Geburt angelegt wurde, und deinem Leben in Einklang.

Wenn du glaubst, du habest deine Eltern gewählt, dann gibt es keinerlei Gründe, sie nicht wertzuschätzen, im Gegenteil: Was wäre das für ein Charakterzug, sich erst etwas feierlich in der Sphäre des Geistes auszusuchen und dann zu behaupten, man habe eine schlechte Wahl getroffen?

Deine Mutter repräsentiert das erste Chakra (haw.: *Piko,* »Tor«) und dein Vater das dritte. So kommst du durch deine Eltern, in der Mitte von Mutter Erde und Vater Sonne, als ein Wesen dazwischen durch das zweite Chakra ins Leben, das man manchmal auch das Sexual-Chakra nennt und das wir dem Element Wasser zuordnen.

Unser Körper besteht zum größten Teil aus Wasser, wir leben auf einem blauen Planeten, der primär von Wasser bedeckt ist. Unser Körper wird im Geschlechtsakt, dem Austausch von Flüssigkeiten, erzeugt, und es ist immer das Wasser, zunächst als Fruchtwasser und danach als Fluss des Lebens, das dich nährt und all deine Bedürfnisse erfüllt. Wasser ist Fülle. In einer alten hawaiianischen Geschichte wird erzählt, wie die ersten Menschen Mutter Erde baten, ihnen Land zu geben, da der Planet noch völlig vom Urozean bedeckt war. Mutter Erde stimmte zu, doch ein Vertrag wurde geschlossen, dass die Menschen sich liebevoll um die Tiere und die Pflanzen kümmern mussten. Sie stimmten zu, und indem das Land aus dem Meer auftauchte, erhielten sie den Segen der Erde.

Alles Leben entsteht und entwickelt sich
von innen nach außen.

Im Grunde suchen alle Menschen nach dem Segen ihrer Eltern, weil sie unbewusst wissen, dass ihnen das Kraft gibt. Erst wenn Vater und Mutter zufrieden sind, glaubt man selbst, okay zu sein. Fehlt dieser Segen, glaubt man, nicht zu genügen, und leidet sein ganzes Leben. Die großen Weisen und Lehrerinnen übertrugen *Mana* in Form von Fähigkeiten, Wissen und Weisheit zusammen mit einer Segnung an qualifizierte Schülerinnen und Schüler. Statt Besitztümern, die doch oft Anlass zu Streit sind, werden Befähigungen weitergereicht. Darin liegt die eigentliche Fülle, denn mit deinen Fähigkeiten kannst du immer und immer wieder Geld verdienen, während ein Erbe, das einmal aufgezehrt wurde, verloren ist. Geistige Fülle vermehrt sich in vielerlei Hinsicht, wenn man sie teilt, wohingegen das Materielle dadurch an Wert und Kraft verliert. Anders als Ruhm, Ansehen und materieller Reichtum, die vergänglich sind, geht die geistige Fülle sogar mit ins nächste Leben und bereitet mit der Evolution des Bewusstseins den Ausstieg aus dem Kreislauf der Wiedergeburten vor.

Wir erhalten das *Mana,* wenn wir die Segnungen unserer Lehrer, Eltern und der Ahnenreihe erkennen und annehmen, das heißt, die Älteren ehren. Leider ist diese Tradition im Westen nahezu verloren gegangen. Stattdessen haben wir sogar die Neigung entwickelt, zwar von anderen zu lernen, ihr Wissen zu nutzen, das heißt, zu nehmen, doch dann einen Fehler zu finden und die Urheber zu kritisieren. In Indien und auf Hawaii sagen die Weisen, ein solcher Mensch verhalte sich schlimmer als ein Dieb, weil er die Ernte stiehlt und zusätzlich den Sämann beschimpft. Fülle entwickeln wir durch Werte, indem wir das ehren, was wir bekommen haben, anderen Erfolg gönnen und die eigenen Kräfte weise vermehren. Dies ist auch das ganze Prinzip, wie du Geld verdienst: eben dadurch, dass du dich mit deinem *Mana* verbindest. Du musst herausfinden, was du gut kannst, und das der Welt in kleinem oder großem Rahmen – ganz nach Belieben und Absicht – zur Verfügung stellen. Der Energieausgleich findet in Form von Bezahlung mit Geld statt. Das ist alles. Gönne der Welt dein Wissen. Gönne der Welt deine Fähigkeiten, investiere in dich, und gönne dir eine gerechte Bezahlung dafür.

Die Formel »alle Kraft kommt von innen« deutet auf das elementare Prinzip des Lebens. Alles kommt aus einem Punkt. Die Mathematik und die Geometrie beginnen mit der Eins, dem Punkt ohne ein Gegenüber, dimensionslos und der Ursprung von allem weiteren. Die Astrophysik spricht vom Urknall, mit dem dieses Universum aus einem Punkt heraus entstand, und auch die Sonne leuchtet aus sich selbst heraus. Alles Leben entsteht und entwickelt sich von innen nach außen. Selbst in kleinsten Samen ist der Bauplan für gewaltige Pflanzen angelegt, die über viele Jahrhunderte Tausenden von Lebewesen Schatten, Nahrung und Obdach gewähren. Ebenso kamen du und ich und all die anderen Menschen, als wir auf der Bühne des Lebens erschienen, aus einem winzigen Punkt. In diesem Punkt, dem Spirit (lat., »Wind, Hauch«), steckt das geistige Bild, das keine materielle Größe braucht und sich doch unendlich groß entfalten kann. So existiert dein ganzes Leben, ja, alles Leben als Bild im Nichtsein, das ich das »Unmanifestierte« nenne. All deine Fähigkeiten und Möglichkeiten, die in dir als bedeutendes kosmisches Potenzial angelegt sind und die das Göttliche in dir in Vollkommenheit sieht, sind ein Teil dieses Reichtums. Egal, wie dein Körper gebaut ist oder aussieht, ganz gleich, wie du deine Fähigkeiten und Talente einschätzt, so kann und will doch das Göttliche niemals irgendeinen Mangel in dir sehen, weil es schließlich keinerlei Mangel kennt. Du bist ein Teil der Urquelle, und zu entdecken, welches Bild der universellen Fülle in dir steckt, und es zu entfalten, ist allein deine wichtigste Aufgabe.

Ich wohne in einem Weinanbaugebiet, und immer mehr Winzer stellen ihren Betrieb auf Bio um. In der Geschichte, die ich dir gleich erzähle, geht es auch um einen Weinbauern, den ich schlicht »der Weinmagnat« nenne. Er wollte eine Geschäftsreise antreten, neue Rebsorten finden und ein paar Winzerfreunde in Chile und Südafrika besuchen. Wegen dieser längeren Unternehmung ließ er seine drei Top-Manager rufen, die die Aufsicht und Verwaltung der großen Geschäftszweige Anbau, Abfüllung und Vertrieb innehatten. Allen dreien hinterließ er eine Reihe von »Talenten«, wie er es nannte, das heißt unterschiedliche Befugnisse und den Zugang zu verschiedenen Konten, um damit in seiner Abwesenheit frei und großzügig arbeiten zu können. Dann reiste er ab.

Nach circa sechs Monaten kam er von seinem Auslandsaufenthalt zurück und rief seine »drei Knechte«, wie er die Top-Manager scherzhaft nannte, zu sich, um gemeinsam mit ihnen den Betrieb zu inspizieren.

Der erste Manager legte einen Bericht vor und zeigte vor Ort, wie sich die Weinberge entwickelt hatten. Die Probleme bei der Umstellung auf Biowein seien doch kleiner gewesen als zunächst befürchtet, berichtete er, und das ganze Team sei so motiviert gewesen, dass man dieses Jahr sogar mehr Trauben habe ernten können als im vergangenen Jahr. Das, so räumte er ein, sei auch auf das besonders milde Klima zurückzuführen. Der Weinmagnat nickte zufrieden und überreichte diesem Manager mehrere Bonusschecks für ihn und sein Team.

Der zweite Manager legte ebenfalls einen Bericht vor und führte die Gruppe durch die Produktionshalle. Er sei nicht ganz so erfolgreich gewesen, erklärte er. Man hatte den veränderten Zuckergehalt falsch berechnet, fuhr er fort, was zur Folge hatte, dass einige hundert Flaschen explodiert waren. Der Schaden sei allerdings schon behoben, die Maschinen seien neu justiert, und die Produktion laufe wieder auf vollen Touren. Man konnte es sehen und vor allem hören. Der Weinbauer nickte freundlich, schaute sich in der Halle um und überreichte seinem treuen »Knecht« einen stattlichen Scheck sowie einen Bonus: zwei Wochen Urlaub in Chile – freilich mit dem Hintergedanken, dass der Manager sich dort in der Weinproduktion umschauen werde und lerne, den Zuckergehalt besser zu berechnen.

Der dritte Manager grinste über beide Backen. Freudig berichtete er, wie er nach der Abreise des Chefs persönlich veranlasst hatte, den Vertrieb einzustellen, damit ja kein Fehler gemacht werde. Alle Maschinen seien noch im tadellosen Zustand und gewartet, das heißt, man habe auf die Rückkehr und auf neue Anweisungen gewartet. Weil keine einzige Flasche ausgeliefert wurde, so berichtete er, sei es in diesem Jahr auch zu keinerlei Beschwerden wegen Falschetikettierungen oder Fehllieferungen gekommen. Der Weinmagnat lief rot an – kurz überflog er die Verluste und führte zwei vertrauliche Telefonate. Über so viel Dummheit konnte er nur den Kopf schütteln – keine Fehler durch Nichtstun? Er schüttelte dem Mann noch die Hand und bat ihn, sich nach einer anderen Stellung umzuschauen. Den Scheck, den er bereits ausgestellt hatte, verteilte der Weinmagnat auf die anderen beiden »Knechte«.

Das Göttliche kann und will niemals
irgendeinen Mangel in dir sehen,
weil es schließlich keinerlei Mangel kennt.
Du bist ein Teil der Urquelle, und zu entdecken,
welches Bild der universellen Fülle in dir steckt,
und es zu entfalten, ist allein
deine wichtigste Aufgabe.

Wer seine naturgegebenen Fähigkeiten, das, was ihm vom Universum mitgegeben wurde, versucht zu leben, und mag sein Erbe an Talenten noch so klein sein, ist besser dran als jemand, der ein großes Talent hat und es doch brachliegen lässt. Ja, ein Talent, das man nicht entwickelt, ist – wie uns die Geschichte des Weinbauers lehrt – gar nichts wert. Wenn du dich deiner Kraft, deinen Fähigkeiten und Talenten öffnest und handelst, gibt es nur eine einzige Möglichkeit: Du wirst Unterstützung bekommen, und das unabhängig davon, wo du gerade stehst. Diese zusammenfassende Erkenntnis aus der Geschichte vom Weinbauern bringt uns auf die nächste Ebene: *Aloha.*

Deine Liebe verbindet dich mit der Quelle.
Du bist als ein Teil der Urquelle
mit Ich-Bewusstsein Mitschöpfer bzw. -schöpferin
und mit der Aufgabe betraut,
in Liebe zum Wohle des Ganzen zu wirken.
(Aloha)

Du bist mit allem verbunden, was du brauchst

Aloha – Liebe, was ist

Etwas Magisches haftet diesem Wort an, denn sobald wir *Aloha* sagen, bringen uns unsere Gedanken nach Hawaii, dem Land von *Aloha*. Jede der drei Silben hat seine eigene Bedeutung. *Alo* heißt »zusammen sein« und »teilen«, zum Beispiel ein Erlebnis teilen. *Oha* bedeutet »Freude« und »Zuneigung«, und *Ha* ist unser Atem und der Atem der Schöpfung, der uns alle verbindet. *Aloha* bedeutet:

1. die gleiche spirituelle Essenz miteinander teilen,
2. seinen eigenen Ursprung in der spirituellen Essenz sehen,
3. das Fühlen und das Handeln in der Verbundenheit mit allen anderen Lebewesen verstehen.

Mit dem Ausatmen entsteht das Wort, und durch *Aloha* sagen wir: »Ich sehe das Göttliche in dir, und ich sehe das Göttliche in mir« – eine Formulierung, die den tiefen Sinn der Liebe zusammenfasst. Wir sind uns unserer eigenen ewigen, spirituellen Identität bewusst, erkennen diese Präsenz in der Schöpfung – in der Natur, den Pflanzen und den Tieren – an und heben die Trennung auf.

Jeder sucht und sehnt sich nach Liebe, nach der Verbundenheit. Sie ist die Essenz der Urquelle und des Lebens, weil wir grundsätzlich alle verbunden sind. Je mehr du dich und andere annehmen und lieben kannst – unabhängig von sämtlichen Umständen –, desto mehr bist du in der spirituellen Fülle. Die Aufgabe materieller Fülle ist es, das Leben zu bewahren, all deine Grundbedürfnisse zu erfüllen und darüber hinaus dein Leben so angenehm wie möglich zu gestalten.

Liebe ist die Essenz der Urquelle und des Lebens, weil wir grundsätzlich alle verbunden sind.

Liebe das, was du tust

Wenn jemand dieses Buch bis zur letzten Geschichte oberflächlich gelesen hätte, könnte er vermuten, im *Huna* bzw. *Holopono* sei es ausreichend, möglichst konstruktiv zu denken und damit eine Art innerer Kraft bzw. Resonanz aufzubauen, die dann wie mit einem Magneten all das, was man sich wünscht, ins Leben zieht. Doch das ist nur die Hälfte des Rezepts. Ein Dauerminus auf dem Konto zu ignorieren, bringt keine Veränderung – da hilft auch kein Optimismus. Ohne aktiv zu werden, bleiben Ideen nur Träume.

Erst das Tun bringt Ergebnisse, weil es die Brücke zwischen unseren unsichtbaren Gedanken und der sichtbaren Welt schlägt. Der große Bildhauer Michelangelo beschrieb sein Schaffen wie folgt: »Ich sehe die Gestalt im Marmor und nehme dann nur weg, was nicht dazugehört.« Ob Maler, Architektin, Ersatzoma und -opa, Jongleur oder Erfinderin, erst das Tun ist jene Komponente, die unsere Vorstellungen in die Welt bringt. Denke zum Beispiel an Mozart, der viele seiner Sinfonien zunächst komplett im Geiste hörte und sie daraufhin nur noch Note für Note und ohne Korrektur aufs Papier übertrug. Hätte er seine Musik hingegen geizig im Kopf behalten, seine Gabe nicht angenommen und nichts niedergeschrieben, nie eine

Oper aufgeführt, was wäre uns entgangen! Oder denken wir an Beethoven, der zwar gegen Ende seines Lebens taub war, doch weiterhin großartige Werke schuf. Körperliche Einschränkungen scheinen deshalb kaum ein Hindernis zu sein, dem eigenen Talent Ausdruck zu verleihen, weil es eine Kraft gibt, die jenseits dieser Grenzen liegt.

Frage dich, was in dir ist und hinausmöchte. Wenn wir noch einmal an Beethoven denken, dann behaupte ich, dass ein Unterschied besteht, ob jemand äußerlich oder innerlich taub ist, ob jemand der Stimme seines Herzens folgt oder der Stimme des Zweiflers.

Bei all unseren Aktivitäten kommt es nicht nur darauf an, was wir tun, sondern auch, wie wir es tun, selbst wenn der Unterschied rein äußerlich nicht sichtbar ist. Stelle dir vor, du bestelltest in einem Restaurant eine Gemüsesuppe, und der Koch fluchte vor sich hin, wäre von seiner Arbeit genervt und wartete nur auf den Feierabend. Sicherlich würdest du diese Suppe nicht essen wollen, nachdem du einen Blick hinter die Kulissen geworfen hast. Auf der anderen Seite sagt man »bei Mutti schmeckt es am besten«, und ich behaupte, der Grund dafür ist auch die Zuneigung, mit der sie kocht.

Unsere Einstellung ist wichtig. Ob deshalb jemand etwas widerwillig macht oder mit dem ganzen Herzen dabei ist, ist ein Unterschied, der irgendwann auch seine Wirkung zeigt. Liebe, Begeisterung, Hingabe, für etwas brennen und Leidenschaft sind die Zutaten, die eine langweilige Rede in eine mitreißende Botschaft verwandeln. Gerade wenn es um Produkte und Konsumgüter geht, dann handeln Menschen selten logisch, sondern aus dem Gefühl heraus – das hatte *Apple* mit seinem Slogan »Think different« schnell erkannt. Dieses »Denke anders« gab jedem *Apple*-User in den späten 1980ern das Gefühl, etwas Besonderes zu sein. Und Steve Jobs, der Mitbegründer von *Apple*, wusste noch etwas: Zum einen hatte er von seinem Stiefvater gelernt, dass es sich bezahlt macht, auch die nicht sichtbaren Teile eines Produkts aufmerksam zu gestalten, und in seinen Zen-Studien lernte er später, dass Schönheit und Ästhetik in der Einfachheit und in der Hingabe gründen. Beides war schließlich mitverantwortlich für das unnachahmliche *Apple*-Design.

Viele Menschen sagen mir, dass sie ihre Berufung noch nicht gefunden hätten, und ich antworte darauf, dass eine Berufung keine statische Angelegenheit sei, die sich plötzlich aus dem Nichts heraus offenbart. Alles beginnt mit dem ersten Schritt und dann dem nächsten. Jeder, der seine Berufung lebt, ist vorher einen Weg gegangen, der sich erst nach und nach offenbarte. Wenn du das liebst, was du tust, dann wirst du wachsen und tun können, was du liebst. Deine Hingabe, dass du deinem Herzen folgst, und der Wunsch, etwas Sinnvolles zu tun, sind die Ausrüstung auf dem Weg zur Berufung. Wie beim Autofahren in der Nacht deine Scheinwerfer nur den nächsten Abschnitt der Fahrbahn beleuchten, genauso entfaltet sich auch dein Lebensweg nach und nach vor dir. Erst wenn du zurückschaust, wirst du erkennen, dass alles nötig war, um dich weiterzubringen. Ob leidenschaftlicher Pianist oder Chirurg, visionäre Landschaftsgärtnerin oder Volontärin in einer Orang-Utang-Rettungsstation auf Borneo, jeder, der seine bzw. die ihre Berufung lebt, machte vorher immer nur den nächsten Schritt, bis sich das Ganze irgendwann wie ein Puzzle zusammenfügte und das große Bild offenbarte. Auch für diese Hingabe und Geduld muss man sich entscheiden, und zwar gerade dann, wenn das Trainieren oder der Einsatz einmal schwerfällt. Es ist der Preis, den man zahlt, und am besten, du sagst deinem Gehirn einfach, dass ihr das jetzt macht, weil es sich lohnt, durchzuhalten.

Niemand kann Liebe horten,
sondern sie zeigt sich erst,
wenn wir sie mit beiden Händen
nach rechts und nach links verteilen.

Annehmen, um zu geben

Das *Aloha*-Prinzip rät uns, das zu lieben, was wir gerade tun, und anzunehmen, was ist – so wie Ludwig van Beethoven, der versuchte, locker zu bleiben, als er taub wurde, und auf jene große Kraft zu vertrauen, die aus dem Innern kommt. Einer meiner Freunde, den ich sehr bewundere, war früher Unternehmer und hilft heute als ehrenamtlicher Sterbebegleiter – er sagt, das sei gerade seine Berufung. Als er eines Abends die Windeln eines Sterbenden wechselte, war ihm das sehr unangenehm, doch als er sich überwand, hörte er deutlich die göttliche Stimme: »Das tust du für mich.« Ich bin tief bewegt, während ich diese Zeilen schreibe, denn genau das ist *Aloha:* die Verbindung zum Göttlichen und zum Leben. Es ist das Geben und Handeln aus dem Herzen, denn das Leben gibt, die Blume gibt, die Biene gibt, das Feld gibt, das Wasser gibt, die Erde gibt, die Sonne gibt, die Urquelle gibt. Ganz still steht ein Baum da, bietet sich selbst als Dach und Heimstatt für statistisch 350 Vögel an – das ist Fülle. Er beschwert sich nicht, ob es regnet oder die Sonne glüht – und das ist Hingabe. Und was geben wir?

Nicht am Kopf wie Fühler, sondern in Höhe unseres Herzens haben wir unsere Arme, damit sie das Leben umarmen. Niemand kann Liebe horten, sondern sie zeigt sich erst, wenn wir sie mit beiden Händen nach rechts und nach links verteilen. Bei allem, was wir tun, können wir wählen, ob es für oder gegen das Leben ist. Mit jedem Produkt, das wir kaufen, geben wir eine Art Stimmzettel für oder gegen einen indischen Bauern, für oder gegen ein Kind, für oder gegen die Indios, für oder gegen die nordamerikanischen Ureinwohner, für oder gegen die Natur, für oder gegen Unternehmen, die die Regenwälder zerstören und die Weltmeere verschmutzen. Weil alles miteinander verbunden ist, stimmen wir entsprechend unserem inneren Klangbild, unserer Stimmung, auch für oder gegen unser eigenes Leben.

Die Essenz und die Melodie der Urquelle ist reine Liebe. Genauso, wie es in der Sonne keine Dunkelheit gibt, weil sie die Quelle des Lichts ist, so ist auch die Liebe der Urquelle rein und bedingungslos. Sie fragt nicht, welche Religion oder Hautfarbe du hast, wie alt du bist oder welcher Nationalität du angehörst. Die Urquelle und die Liebe interessieren sich nicht für dein Bankkonto und auch nicht dafür, ob du ein Zeugnis oder einen akademischen Grad besitzt. Die Menge dessen, was man nicht weiß, ist immer milliardenfach größer als dessen, was man weiß, und man kann zehn Nobelpreise hintereinander gewonnen haben und doch völlig beziehungsunfähig sein.

Alles, was uns die Liebe fragt, ist, ob wir lieben können. Kannst du dich selbst und andere lieben? Wenn deine Antwort Ja lautet, dann bist du mit der Essenz der Urquelle verbunden. Damit hast du das mentale Konzept der Schuld überwunden und bist wieder im Paradies, weil Liebe und Gnade eins sind. Dieses Paradies ist also kein entfernter Ort, sondern immer hier, wie die Urquelle überall ist. Alles, was uns von der Fülle und der Liebe trennt, ist nur die Dunkelheit in unserem Herzen. Es sind die Steine, die wir in die Schale unseres Herzens legen. Es sind die Steine, die wir uns selbst in den Weg legen, und die Steine, die man uns in den Weg legt, um uns zu prüfen. Alles, was uns von der Fülle trennt, sind nicht die körperlichen Grenzen, sondern die gedanklichen Konzepte des Egos, die uns daran hindern, die Komfortzone zu verlassen, um etwas Sinnvolles – etwas, was uns mit Sinn erfüllt – zu tun.

Annehmen, um zu überwinden

»Annehmen, was ist« heißt nicht, einer Situation zuzustimmen. Wir können eine Situation annehmen, doch müssen damit nicht konform gehen. Wir können eine Krankheit oder eine Firmenkrise annehmen und gleichzeitig alles tun, um sie zu überwinden. Wenn man auf der anderen Seite zum Beispiel den Verlust eines geliebten Menschen nicht akzeptiert und in der Trauer verbleibt, erleidet man einen Schaden. Nur, was wir annehmen, können wir ändern, während das, wogegen wir uns wehren, einen großen emotionalen Druck und körperliche Verspannungen erzeugt. Nicht loszulassen und uns gegen etwas zu wehren, was wir gar nicht ändern können, erzeugt emotionale und körperliche Schmerzen. Alles verkrampft sich und wird zu einem Kampf gegen uns selbst. Wenn wir hingegen zunächst annehmen, was geschehen ist, verfügen wir grundsätzlich über mehr Ressourcen, als wenn wir alles einfach ablehnen, was uns gerade nicht passt.

Annehmen heißt nicht zwingend, zu akzeptieren, sondern, die Möglichkeiten, das Problem zu lösen, um ein Vielfaches zu erhöhen. *Huna* arbeitet mit einfachen, ganz klaren Begriffen, und die Coaching-Empfehlung, das zu lieben, was gerade ist, bringt es auf den Punkt. Wenn du momentan im Mangel steckst, weil dich jemand verlassen hat, dir gekündigt wurde, du eine bedenkliche Diagnose erhalten hast – was es auch sei, dann empfiehlt dir *Aloha* nicht, die Angelegenheit zu streicheln, zu respektieren, anzulächeln, sondern, sie zu lieben. Liebe gilt als größte Heilkraft, und wir wollen ein Thema heilen und nicht beschönigen, weshalb es hier um keine Mediation geht mit dem Ziel, einen Kompromiss herauszuholen, der nächstes Jahr wieder auf den Tisch kommt. Dein Denken macht auch keine Kompromisse. Jeder Gedanke, ob in Liebe oder in Hass, verwandelt sich in Neuropeptide und in hormonelle Informationen, die jede deiner Körperzellen über deine Absichten informieren. Leider haben deine Körperzellen kein Mitgefühl und bedauern dich nicht, sondern führen einzig deine Befehle aus. Wenn du den gedanklichen Befehl »Hass« erteilst, dann wütet es in deinen Zellen, und wenn du den Befehl zum Grollen gibst, dann mahlt es so lange in deinem Körper, bis sich möglicherweise die entsprechenden Symptome zeigen – und zwar dort, wo die Resonanz bzw. der schwächste Punkt ist. Wer unter emotionalem Stress leidet, hat eine eingeschränkte Sicht und sieht damit nur wenige Alternativen, sein Leben aus der Misere in einen Erfolg zu verwandeln. Mit einem Tunnelblick erkennt man selten die Möglichkeiten, einen Konflikt auf andere Art zu lösen, als man gewohnt ist. So sagen wir auch, dass für jemanden, der nur einen Hammer besitzt, jedes Problem einem Nagel gleicht. Doch eine Uhr mit einem Hammer zu reparieren, ist unmöglich.

Daher empfiehlt das *Aloha*-Prinzip, in unangenehmen Zeiten zunächst zu atmen, tief zu atmen, das Gehirn mit Sauerstoff zu versorgen, um dadurch die beste Entscheidung treffen zu können.

Die Essenz der Urquelle teilen

Eine weitere Übersetzung und Formel des Wortes *Aloha* lautet »die gemeinsame Essenz miteinander teilen«. Für diese Essenz, den spirituellen Aspekt unseres Daseins, wählt *Huna* deshalb einen völlig neutralen und religionsunabhängigen Begriff, dem man sich wenigstens theoretisch – ob nun gott- oder wissenschaftsgläubig – nähern kann: *Huna* nennt sie die »Urquelle«. Sowohl Wissenschaftler als auch Religiöse suchen nach dem einen Ursprung und der einen Wahrheit, nur mit unterschiedlichen gedanklichen Voraussetzungen. Sie scheinen mir wie zwei Gäste, die sich, aus zwei Richtungen kommend, an denselben Tisch setzen wollen. Es gibt nur die eine Urquelle, die überall ist, und je nachdem, wie ich schaue, aus welcher Richtung, Zeit und Kultur ich mich ihr nähere, sehe ich einen anderen Teil der Wahrheit. Immer sind wir mit der Urquelle verbunden, das heißt mit allem, was ist, und mit allem, was wir brauchen. Weil wir die göttliche Essenz miteinander teilen, kann jeder Mensch und jedes Lebewesen für uns eine Botschaft haben. Und egal, was wir uns wünschen, die Urquelle weiß es bereits, weil es gar nichts gibt außer der Urquelle.

Unsere Aufgabe wäre es, uns mit der Essenz, der Liebe, in Einklang, in Gleichklang zu bringen. So grenzenlos wie eine Mutter liebt das Göttliche seine Schöpfung, die Vielfalt, die aus ihr selbst heraus entstanden ist. So ist alles eins und doch gleichzeitig verschieden und von dieser Liebe durchdrungen. Im Gegensatz zu uns, die wir so vieles an uns, unserer Vergangenheit und in unserem Leben ablehnen, lehnen die Urquelle und die Natur nichts ab, weil alles aus ihr selbst kommt.

Alle Konflikte entstehen aus dieser einen Unwissenheit, der Urteilung. Ein Mensch, der aus der Liebe herausfällt, wird zum Feind eines anderen und auch zum Feind seiner selbst. Der wahre Feind ist im Innen. Mit unserem Ego, das trennt, teilt und abwertet, erzeugt der Mensch in sich selbst Mangel und damit im Außen Mangel, weil er die Fülle minimiert. Wir bemängeln etwas in der Welt, in der Natur und in uns selbst. Als Heilmittel, um wieder in die Einheit und in die Fülle zu kommen, empfiehlt *Holopono,* sich selbst wieder vollständig anzunehmen, das heißt, sogar milde auf die destruktiven Kreationen der Vergangenheit zu blicken. Auch unsere negativen Schöpfungen, vielleicht eine Krankheit oder Geldmangel, sind häufig nur Strategien, die ein grundsätzlich positives Bedürfnis befriedigen sollen, und deshalb wert, anerkannt zu werden. Versöhnung mit uns selbst und anderen, zu erkennen, dass alles mit allem verbunden ist, auch wenn wir es getrennt sehen, ist ein Weg zur Heilung.

So grenzenlos wie eine Mutter liebt das Göttliche seine Schöpfung, die Vielfalt, die aus ihr selbst heraus entstanden ist.

Fülle, Heilung und Vollständigkeit beginnen mit deiner Eigenliebe

Die wirkliche Fülle und die wirkliche Liebe beginnen mit deiner Eigenliebe, im Zentrum deiner Welt und in jenem Moment, da du dich entscheidest, dich selbst vollständig anzunehmen. Wie das Atmen in beiden Richtungen vollständig sein muss, so wie du ganz ausatmen musst, um überhaupt tief einatmen zu können – das eine also vom anderen abhängt –, so kannst du jemand anderen nicht lieben, wenn du dich selbst nicht absolut liebst. Wie innen, so außen. Sich selbst mit allen Anteilen seiner Persönlichkeit wieder anzunehmen, ist der großartige Beginn einer Heilung. Man wird sozusagen wieder heil, ganz, wenn man seinen Nächsten liebt und sich selbst.

Sich ganz und gar zu akzeptieren, nennt man im *Huna Ulu,* und dazu gehört es auch, sich morgens in den Arm zu nehmen. Du hast richtig gelesen: sich selbst am Morgen nicht auf, sondern in den Arm zu nehmen, ist eine der ältesten Heilungsmethoden. In Japan würde man dazu vielleicht »das große Heilströmen« sagen, weil dort ähnliche Techniken bekannt sind wie das Jin Shin Jyutsu. Wenn wir uns nun für ein paar Minuten sanft selbst umarmen, beginnen wir den Tag mit uns statt mit einer To-do-Liste. Wir schöpfen *Mana,* doch ich möchte hier über ein medizinisches Phänomen der Eigenumarmung sprechen. Physiologisch werden dabei nämlich einerseits Hormone ausgeschüttet, die dein Immunsystem stimulieren, und andererseits Stresshormone abgebaut, die dein Immunsystem blockieren.

Sehr vereinfacht beschrieben, wirkt eine Selbstumarmung auf vier Hormone wie folgt: Jedes Mal, wenn wir etwas tun, was wir uns vorgenommen haben, und so ein selbst gestecktes Ziel erreichen, werden Endorphine freigesetzt. Jedes Mal, wenn wir angenehm berührt werden, wird Serotonin ausgeschüttet, und wenn wir uns einfach nur angenommen und geborgen fühlen, zum Beispiel, wenn wir mit guten Freunden zusammen sind – selbst ohne ein einziges Wort zu sprechen –, dann wird Oxytocin freigesetzt. Endorphin ist mit deinem Handeln verknüpft, Serotonin ist an einen Kontakt gebunden, und Oxytocin ist das Hormon des sozialen Umfelds (Familie, Arbeitsplatz etc.). Diese drei Botenstoffe nennt man auch »Glückshormone«, und sie sind eine Mitursache für körperliche und seelische Gesundheit. Wenn jemand im Krankenhaus liegt und von netten Menschen Besuch bekommt, dann ist das heilsam, und mittlerweile hat man erkannt, dass Tiere – zum Beispiel das Streicheln von Hunden – den Genesungsprozess beschleunigen können. Diese drei Glückshormone stimulieren dein Immunsystem, und jede Zelle wird darüber informiert, dass alles okay ist. Eine Reaktion auf die Ausschüttung dieser Botenstoffe ist auch die Harmonisierung von Herzfrequenz, Blutdruck und emotionalem Zustand. Dazu konträr steht das »Stresshormon« Cortisol, das bei Gefahr aktiviert wird und unser Immunsystem deaktiviert, denn weder im Kampf noch auf der Flucht ist das Immunsystem wichtig, der Körper konzentriert sich auf reine Muskelarbeit. Wenn du dich also liebevoll umarmst, wird Cortisol abgebaut, und es lösen sich tatsächlich stressbedingte Verspannungen auf Muskel- und Zellebene.

Fülle erfahren wir in der Harmonie, im Frieden, in der Liebe, wenn es keine Spannungen mehr in den Beziehungen gibt, und all das – der Frieden – beginnt immer bei uns.

Versöhnung mit uns selbst und anderen,
zu erkennen, dass alles mit allem verbunden ist,
auch wenn wir es getrennt sehen,
ist ein Weg zur Heilung.

Sei mutig, und liebe dein Licht

Im *Holopono* arbeiten wir mit zwei Energien, so möchte ich es einmal formulieren: mit Licht und mit Liebe. Energie heißt *Mana,* und die Energie der Liebe nennen wir *Mana Aloha.* Wenn die Liebe der Urquelle auf die Materie trifft, entsteht Licht – *Mana Loa.* Im Licht wird alles klar und deutlich, weshalb man auch sagt »Jetzt geht mir ein Licht auf«. Licht wird in unserer Sprache häufig gleichgesetzt mit Erkenntnis, und so heilst du deinen Mangel durch zwei Dinge: erstens, indem du weißt, was du willst und was du hast (die Klarheit über deine Fähigkeiten, Talente, Werte, Bedürfnisse und Ziele), und zweitens, indem du dich und die Welt liebst. Licht und Liebe sind die beiden Kräfte, die dein Leben wie von selbst erblühen lassen und dir helfen, deine Furcht vor deiner eigenen Kraft, vor deiner Stärke und deinem Erfolg zu überwinden.

In dieser Welt, der großen Familie, hat jedes Lebewesen einen Platz und seine Aufgabe im Ökosystem. Dies beschützt das Leben und gewährleistet die Vielfalt und Entwicklung. Für uns Menschen heißt das, eine Berufung, eine Bestimmung und deshalb auch eine Art Pflicht uns selbst und dem Leben gegenüber zu haben. Auch wenn dieser Gedanke unbequem sein mag, wir haben uns und der Welt gegenüber die Pflicht, das zu sein, was wir sein können. Auf dem Spielfeld des Lebens gibt es keine Ersatzbank.

Wir müssen das sein, was wir sein können – ansonsten verleugnen wir unsere Gaben, unsere Fähigkeiten und Talente und das Schöpferische in uns. Wenn wir unser Potenzial nicht nutzen und unsere Einzigartigkeit nicht leben, fühlen wir uns schuldig, weil wir uns und der Welt das vorenthalten, was nur wir geben können. Doch wozu all die Furcht? Wird dich das Leben fallen lassen oder wird es dich unterstützen, wenn du dich zu deiner Kraft und deinem Licht bekennst? Und selbst wenn du versagst, was kann denn Schlimmeres passieren als das, was schon ist?

Von einem Mönch hörte ich in diesem Zusammenhang die folgende kurze Geschichte: Einst rief die mächtige Sonne: »Wer wird für mich leuchten?« Niemand meldete sich, es herrschte Stille. »Wer wird leuchten?«, fragte Vater Sonne eindringlich. Niemand wagte, ein Wort zu sagen. Da rief die unermesslich energiereiche Sonne ein drittes Mal: »Wer wird leuchten in der Nacht, wenn ich nicht da bin?« – »Ich. Ich werde es tun.« Alle blickten auf. Wer hatte da gesprochen? Vater Sonne fragte: »Wer bist du?« Und die Stimme antwortete: »Ich bin eine Kerze.« – »Wie lange und wo wirst du leuchten?«, fragte Vater Sonne interessiert. Da fasste die Kerze Mut und antwortete: »Ich werde genau für eine Nacht brennen und einen ganzen Raum erhellen.« Da rief Vater Sonne: »Sehr gut, jetzt kann ich gehen, und morgen komme ich wieder.« Das ganze Universum hörte es und ehrte die Kerze.

Indem wir unser Licht in die Welt schicken, gelangen wir zur siebten Lebensweisheit und Erkenntnis von *Huna – Pono.*

Sei wie das Wasser,
und passe dich den Gegebenheiten an.
Dann verändere die Gegebenheiten,
wenn du möchtest.
Schaffe Win-win-Beziehungen,
und sei immer ein Teil der Lösung
statt des Problems.
(Pono)

Was funktioniert, ist richtig

Pono – Die Wirksamkeit ist das Maß deiner Kraft

In *Pono* muss etwas ganz Besonderes stecken, warum sollte man sonst dieses Prinzip an die letzte Stelle der sieben Lebensweisheiten stellen? Nach den folgenden Seiten wirst du wissen, warum und wie dieses Prinzip dein Leben transformieren kann. *Pono* hat drei grundlegende Bedeutungen, nämlich »richtig«, »flexibel« und »barmherzig«, und der Leitgedanke für dein erfülltes Leben lautet: »Die Wirksamkeit ist das Maß deiner Kraft.« In diesem Kapitel lernst du, die einzelnen Übersetzungen und das Energiegesetz für ein erfülltes Leben anzuwenden.

Nicht nur *Pono*, sondern *Pono Pono* – Win-win statt bloß Win

Damit du in deinem Umfeld einerseits Missverständnisse oder ein Fehlverhalten klären kannst und andererseits all das zu lösen vermagst, was dein glückliches, reiches Leben bremst, entwickelten die *Kahunas* das *Ho'oponopono* – eine Methode, mit der Konflikte bereinigt und Beziehungen geheilt werden. Wann auch immer es Probleme gab, wurde ein

Ho'oponopono einberufen, um alle Blockaden zu lösen, die den Fluss des Lebens bremsten, und so die kosmische Ordnung wiederherzustellen.

Ho'o heißt »machen« und *Pono* »richtig«, und wenn in der hawaiianischen Sprache etwas zweimal hintereinander gesprochen wird, handelt es sich sowohl um eine Verstärkung als auch um den Hinweis, dass die Thematik auf eine erweiterte Bedeutungsebene gehoben wird. Was heißt das? In einem *Ho'oponopono* stellen wir die Dinge nicht nur richtig, sondern vollkommen richtig, nicht nur zum Vorteil für uns selbst *(Pono),* sondern für alle Seiten *(Pono Pono).* Das Ziel sind echte Win-win-Beziehungen, und für solch ein Vorhaben braucht man eine Sicht aus der Vogelperspektive. Wie du weißt, nennt man die individuelle Sicht *Ike.* Die Sichtweise aller Beteiligter zu verstehen, heißt entsprechend *Ike Ike.* Albert Einstein bemerkte einmal, dass wir unsere Probleme nie auf derselben Ebene lösen können, auf der sie entstanden sind, und so wechseln in einem *Ho'oponopono* alle Beteiligten mehrmals ihre Blickwinkel, indem sie versuchen, sich empathisch in alle am Konflikt Beteiligten hineinzuversetzen. Diese Bemühungen lohnen sich langfristig, denn es werden die vier großen Beziehungen geheilt, nämlich

1. zu sich selbst,
2. zu anderen Menschen,
3. zu den Tieren, Pflanzen und zur ganzen Natur und
4. zur Urquelle.

Erst wenn wirklich alles, was durcheinandergeraten war, wieder an seinem richtigen Platz steht, können die Beteiligten ausatmen und jegliche mentalen Verspannungen, die zu materiellen Verlusten, Krankheiten oder anderen Problemen geführt haben, loslassen. *Ho'oponopono* ähnelt einer großen Systemaufstellung, bei der alles, was aus dem System, der *Ohana,* ausgeschlossen wurde und deshalb Probleme verursachte, wieder hereingeholt wird und seinen konstruktiven Platz im Gesamtbild erhält. So entsteht eine großartige Transformation, weil es nicht bloß darum geht, was exklusiv für mich oder für dich stimmt, sondern inklusiv für alle – Menschen und Natur – richtig ist. Dieses Ziel, für alle im System Stehenden Win-win-Beziehungen

– wir können auch sagen: Synergie – zu erreichen, garantiert die materielle und spirituelle Fülle, eine echte Nachhaltigkeit, weil sie mit dem Leben in Einklang steht.

Wirkliche Fülle, also Gesundheit, Wohlstand, Glück und Frieden, entstehen, wenn alle Beteiligten locker sein und sich entsprechend ihren Fähigkeiten und Interessen entfalten können. Als Selbstständige bzw. Selbstständiger muss man zum Beispiel mit seinen Kundinnen und Kunden Win-win-Beziehungen pflegen. Zu groß sind der Markt und die Auswahl, als dass man nur den eigenen Vorteil im Sinn haben dürfte. Wer das beachtet, ist als Freiberufler, Familienbetrieb oder Unternehmerin reich gesegnet.

Auf der anderen Seite sind Stress, Burn-out, Krankheit durch Überlastung, eine erhöhte Fehlerquote, Unfälle und Ausfälle vorprogrammiert, wenn Einzelne in einem Team – und ein Unternehmen ist immer ein Team – ihren Vorteil suchen. Wenn Aktionäre angespannt sind und ausschließlich ihre Gewinnmaximierung im Auge haben, verliert die Natur, und schließlich verlieren auch die Menschen, weil wir in dieser Welt einfach nichts mehr voneinander getrennt sehen können. Millionen von Tieren sterben jährlich, weil Unternehmen, Shareholder und Konsumentinnen nach mehr schreien, und diese Verletzung der Harmonie – dass Geben und Nehmen im Einklang sind – zerstört das Glück und den Frieden aller. Dies ist eine der großen Lehren, die uns das *Huna* mitgibt: dass es nur gemeinsam geht. Ähnlich einer Krankheit, die man ganzheitlich, an Körper, Geist und Seele, heilt, um zu einhundert Prozent erfolgreich zu sein, ist es am besten, alle Herausforderungen holistisch und gemeinsam zu lösen.

Sicher kennst du eine ganze Reihe jener frustrierenden Gefühle, wenn man mehr gibt, als man zurückbekommt, sei es in einer Beziehung, im Kollegium, in einem Projekt, im Verein, in einer Hausgemeinschaft usw. Doch ich möchte dich einmal bitten, dich zu fragen, wie sich die oder der andere fühlt, also die Person, die deiner Meinung nach zu wenig zurückgibt. Wie würdest du in ihrer Position empfinden? Wie würdest du dich aus den Augen deines Gegenübers sehen? Würdest du eine große Geberin oder vielleicht einen großen Täter sehen, das heißt jemanden, der zwar gibt, aber trotzdem die Beziehung stört? Nicht immer handelt es sich nämlich um eine böse Absicht oder Bequemlichkeit, wie man unterstellen könnte, sondern häufig folgt als Reaktion auf ein Zu-viel-Geben ein Rückzug. Deshalb sei hier angemerkt, dass nicht nur derjenige, der mehr nimmt als gibt, das Gleichgewicht stört, sondern auch diejenige, die zu viel gibt und nicht empfangen will. Oft treiben wir einen anderen geradezu in die Defensive und unterdrücken ihn mit unserer Stärke. So bittet uns *Aloha,* nie zu verletzen – weder uns noch andere –, und mit *Holopono* sind wir angehalten, locker zu sein und zu lernen, wie man etwas annimmt. Dazu gehört auch, Menschen die Kraft zuzugestehen, dass sie ihre Probleme selbst lösen können. Statt Feuerwehr zu spielen und andere dadurch sogar subtil zu demütigen, dürfen wir locker sein und die Dinge richtig machen. »Gönne anderen ihr Licht«, flüstert dir *Holopono* zu.

Geben und Nehmen

Wenn du um dich herum und auf deine Lebensumstände schaust und dort irgendetwas nicht im Fluss ist – du wenig Geld hast, eine Krankheit, Über- oder Untergewicht, eine belastete Partnerschaft, Schwierigkeiten am Arbeitsplatz usw. –, dann ist irgendetwas in deinem Leben nicht richtig. Jedes Problem ist letztlich ein Beziehungsproblem, und deine Aufgabe ist es, herauszufinden, was wirklich aus dem Gleichgewicht geraten ist. Frage dich erstens, wo du zu viel nimmst und das Gleichgewicht störst. Frage dich zweitens, wo du zu viel gibst und damit das Gleichgewicht störst.

Flexibel sein

Was so einfach klingt, das versuchen Eltern und Kinder Tag für Tag zu praktizieren, nämlich Win-win-Beziehungen und, alles irgendwie richtig zu machen. Das erfordert eine Menge Hingabe und deshalb Flexibilität. Erfolgreiche Menschen, das heißt Menschen, die ihr Leben meistern, sind grundsätzlich anpassungsfähig. Menschen, die aus Kriegsgebieten – ob aus einem Land oder aus einer Ehe – fliehen, sind flexibel, erfolgreiche Unternehmer sind flexibel, jemand, der seine Berufung lebt, und jemand, der nach Jahren der Suche nach einem Heilmittel schließlich seine Krankheit überwindet, ist flexibel. Jeder in diesen Beispielen bewies Anpassungsfähigkeit und Entschlossenheit. Man war entschlossen, ein Ziel zu erreichen, und zeigte sich gleichzeitig flexibel auf dem Weg dorthin. Wie ein Segelschiff, das nicht unbedingt den geraden Kurs nehmen kann, so sind wir eben manchmal gezwungen, gegen den Wind zu kreuzen, um vorwärtszukommen, oder einen kleinen oder größeren Umweg zu nehmen, doch unsere Liebe lässt uns durchhalten. Wie ein Wanderweg, der sich sanft an die Landschaft anschmiegt, gehen Menschen den Weg ihres Lebens, der dennoch einer beschwerlichen Pilgerreise ähneln kann, und klettern dabei über größere oder kleinere Felsen. Der Lohn, der ihnen dabei winkt, ist ein besonderer Reichtum.

Wie im Kleinen, so im Großen. Hier auf der Erde können wir lernen, mit allen Lebewesen in Frieden und Harmonie zu leben, und dürfen das erst einmal im Kleinen üben. All die globalen Probleme beginnen in uns. Wären unsere Herzen rein, so gäbe es keine Umweltverschmutzung. Hätten wir den Streit nicht in uns, wären wir mit uns zufrieden (nicht selbstzufrieden) und hätten keine Schuldgefühle. Wäre in unserem Innern keine Gewalt, so gäbe es keine Kriege. Wir dürfen also das Zusammenleben üben, und zwar zunächst mit uns selbst. Ja, wie viele Menschen sind unterwegs, nur weil sie nicht mit sich selbst zusammen sein können?

Wir üben Beziehungen mit uns, den Eltern und Geschwistern, später mit dem Partner oder der Partnerin und den Kindern, am Arbeitsplatz, im Garten, in der Hausgemeinschaft usw. Wenn man mit anderen zusammenlebt, muss man flexibel sein, ansonsten hat man ein schweres Leben. Starre und zu viele Regeln verhindern die Freude und sperren das Glück aus. Und ist es nicht erst die Freude, die unser Leben erfüllt und wertvoll macht? Die Natur lehrt uns, sich anzupassen, ja, sie wird uns überleben, falls wir uns den Ast absägen, auf dem wir sitzen. Wollen wir überleben, müssen wir flexibel sein, uns der Natur anpassen, sie schonen, erhalten, lieben und ehren – eben eine liebevolle Beziehung eingehen wie Kinder zu ihrer Mutter. Das heißt auch, locker zu sein und die richtige Position einzunehmen, denn wer eine Krone tragen will, der muss sich ihrer würdig zeigen, indem er sich in seine Untertanen einfühlen kann.

Diese Fähigkeit, sich in andere Lebewesen hineinzuversetzen, nennt man »Theory of Mind«. Wir müssen sie nicht erlernen wie eine Sprache, sondern bekommen etwa im Alter zwischen 7 und 9 Jahren nach und nach einen ganz natürlichen Zugang dazu, weil sich unser Gehirn dorthin entwickelt. Sie ist eine wundervolle Fähigkeit des Menschen, die wir brauchen, um anderen Menschen, den Tieren und Pflanzen zu helfen. Wer aufmerksam ist, spürt, was seine Blumen brauchen, er weiß, was die Katze ihm sagen will, und versteht, wie Kühe weinen. Sie ist das Fundament für Empathie und Mitgefühl. Erst diese Fähigkeit, uns im anderen zu erkennen, uns selbst als denkendes Wesen wahrzunehmen und zu reflektieren, was ein anderer Mensch denken könnte, macht uns als Spezies teamfähig. Eltern und Kinder sind ein Team, Käufer und Verkäuferinnen sind ein Team, und Menschen, Tiere, Pflanzen sind ebenfalls ein Team.

Stelle dir nun vor, du gingest in ein Geschäft, und der Ladenbesitzer finge an, mit dir zu streiten. Sicherlich würdest du dort nie etwas kaufen. Entsprechend heißt eine der Erfolgsregeln auch, ein umgänglicher Mensch zu sein. Menschen, die immer recht haben wollen, sind anstrengend, und genauso anstrengend ist die Menschheit für die Erde, die Natur, die Tiere und die Pflanzen, weil es ihr nur um diese Spezies Mensch zu gehen scheint, die immer mehr nimmt und sich wundert, dass es ihr immer schlechter geht.

Flexibel zu sein, heißt deshalb auch, zu überdenken, ob das, was man tut, noch richtig ist, und wenn nicht, sich auch zu entschuldigen, den Leid verursachenden Weg zu verlassen und einen anderen zu gehen.

Hier auf der Erde können wir lernen, mit allen Lebewesen in Frieden und Harmonie zu leben.

Fülle offenbart sich in Anpassungsfähigkeit und Einzigartigkeit

Überall, vom tiefsten Meer über die Schlote der Vulkane bis zu den Spitzen der Anden und des Himalaya findest du Leben. Die Anpassungsfähigkeit des Lebens versorgt jede Spezies mit einem eigenen Lebensraum, einer Nische im Ökosystem, und genauso kannst auch du deinen Platz finden, an dem du deine Berufung mit deiner ganzen Einzigartigkeit lebst. Vertraue deshalb darauf, dass das Leben auch für dich einen Ort der Fülle bereithält.

Das Unternehmen Nokia war einst die Nummer 1 im Handysektor, doch als das Touch-Display die Marktreife erlangte, wurde es vom Markt gefegt, weil es sich nicht schnell genug der Situation anpassen wollte. In vielen Chefetagen hielt man Smartphones und Apps schlichtweg für Spielzeug. Der Fernsehgerätehersteller Samsung hingegen passte sich der veränderten Situation an und sprang mit Erfolg auf den Zug auf. Im Geschäftsleben, als Eltern, als Kinder, als Arbeitgeberin und Arbeitnehmer müssen wir flexibel sein.

Die Wörter »flexibel«, »Flux«, »Fluss« und »fließen« haben eine gemeinsame Wurzel, und zu fließen ist eines der Merkmale des Lebens. *Panta rhei,* »alles fließt«, sagten die alten griechischen Philosophen, und die Hopi sagen: »Alles war schon einmal da, nur in einer anderen Form.« In welcher Form möchtest du also wieder erscheinen, und unter welchen Bedingungen wollen wir leben?

Wenn unser Körper stirbt, wird er ganz starr. Ja, wären die Gräser, die Blumen, die Palmen und Bäume starr, sie würden abbrechen und wären als Spezies schon längst verschwunden. Ich sehe in der Natur, der großen Mutter, unsere Lehrerin. Die Quelle kann dich Freude und Enthusiasmus darüber lehren, dass selbst das Kleinste und Verborgene später zum Meer werden kann. Der Baum bringt uns Geduld bei, und die Gräser lehren uns, biegsam zu sein – nicht zu buckeln, doch uns zu verneigen. Anpassungsfähigkeit, nicht Starre, zuhören zu können, statt schon alles zu kennen, andere Meinungen zu hinterfragen und zu überprüfen, statt Ja zu sagen, sind ein Garant für Fülle und Leben, weshalb ich dir empfehlen möchte, in deinem Leben, in deinen Beziehungen, in deinem Beruf, in deiner persönlichen und spirituellen Entwicklung deinen eigenen Weg zu gehen und gleichzeitig anpassungsfähig zu sein. Wenn du ins Internet schaust, dann entdeckst du dort Nischen, Produkte und Dienstleistungen, die eben nicht für die Masse, sondern für ganz individuelle Kundensegmente passend sind. Suche die Möglichkeiten, vertraue deiner Inspiration, deinem Bauchgefühl, und du wirst deinen Platz finden. *Pono* lehrt Selbstständige und Unternehmer zwei Dinge: Zuerst ist es sinnvoll, sich dem Markt anzupassen, und im zweiten Schritt dann, den Markt der eigenen Vision anzupassen.

Die Quelle kann dich Freude
und Enthusiasmus darüber lehren,
dass selbst das Kleinste und Verborgene
später zum Meer werden kann.

Sich selbst und anderen gegenüber barmherzig sein

Das Wort »Barmherzigkeit« kommt von »Warmherzigkeit«, jener liebevollen Qualität eines weisen Herzens, das über die kleinen Fehler und Unzulänglichkeiten hinwegsieht und gibt, wo es nötig ist. Nur als recht kleinlicher Mensch, ob geizig, neidisch oder eifersüchtig, mag man die Barmherzigkeit als Verschwendung missdeuten. So zum Beispiel Mr. Ebenezer Scrooge in *A Christmas Carol* (»Eine Weihnachtsgeschichte«) von Charles Dickens, der Geschichte eines reichen, aber geiziges Mannes im viktorianischen London, der zur besinnlichen Weihnachtszeit von drei Geistern heimgesucht wird, die ihn wieder zur Besinnung und zu Verstand – zum Verstehen, dass er nämlich arm dran ist – bringen wollen.

Lass uns verstehen, dass der wahrhaft Barmherzige aus der spirituellen Fülle verteilt und deshalb selbst keinen Mangel erleidet! Weder der Barmherzige noch der Gütige handelt aus Dummheit, wie der geistig Blinde vermutet, sondern beide schöpfen aus einer nie versiegenden Quelle – der spirituellen Urquelle.

Vielleicht hast du einmal eine Leistung erbracht, und als man dir deinen Obolus geben wollte, hast du abgewinkt und gesagt: »Das ist schon okay. Lass gut sein. Es war nicht der Rede wert.« Möglicherweise hast du dich hinterher sogar geärgert, dass du das Geld nicht genommen hast, weil du es eigentlich hättest brauchen können.

Wenn wir einen dargebotenen »Energieausgleich« nicht annehmen, dann ist das eine Beleidigung in dreierlei Hinsicht. Selbstverständlich beleidigen wir uns, indem wir unsere Fähigkeiten, unsere Arbeit, unsere Mühe und unsere Begeisterung mit einer lapidaren Handbewegung vom Tisch fegen und für nichtig – nicht wert und nicht richtig – erklären. Nehmen wir eine Bezahlung nicht an – und die Höhe spielt ja keinerlei Rolle –, dann suggerieren wir, dass der Leistungsempfänger arm ist. Wir behaupten, er sei verarmt, und bitten ihn, sein Geld zu sparen oder besser zu verwenden –

wie grausam! Und wieder minimieren wir uns und andere. Gleichzeitig kommunizieren wir unterschwellig, dass er sich unsere Leistung gar nicht leisten könne, und deshalb befreien wir ihn großmütig von der Bezahlung. Einen Energieausgleich abzulehnen, ist eine Beleidigung und unbarmherzig gegenüber uns, dem Leistungsempfänger und dem Leben.

Alles geschieht nach dem Gesetz von Ursache und Wirkung. Nichts kommt »von ungefähr« und zufällig – wir sehen nur die Zusammenhänge nicht. Wenn wir eine Wirkung in Form von einem Geschenk, Hilfe oder Geld ablehnen, dann weisen wir die Göttin des Glücks, das Leben und ein fundamentales Prinzip zurück, die uns durch einen menschlichen Boten etwas von der Fülle zukommen lassen wollten. Durch unsere Verschmähung unterbrechen wir den natürlichen Energiefluss *(Wai Wai)* und machen uns selbst arm. So werden wir irgendwann gezwungen sein, als Bittsteller bzw. Bittstellerin zu handeln, und werden folglich abgewiesen und gedemütigt.

Der wahrhaft Barmherzige
verteilt aus der spirituellen Fülle
und erleidet deshalb selbst
keinen Mangel.

Wirksamkeit ist das Maß deiner Kraft

Huna kennt keine Dogmen. Deshalb gilt etwas als richtig, wenn es wirkt, also zum Ergebnis führt, und das selbstverständlich, ohne jemanden zu verletzen. Wenn du etwas gefunden hast, was für dich funktioniert – sei es ein spiritueller Weg, eine Art, dich vollständig in dieser Welt auszudrücken und zu wachsen –, und niemanden dabei verletzt, dann ist das richtig. Es zeigt deine Liebe zu dir selbst und deine Integrität. Deine spirituelle Fülle ist deine Verbindung zur spirituellen Essenz, das Maß deiner Liebe zu dir und zu anderen, während deine materielle Fülle all deine Grundbedürfnisse erfüllen soll und darüber hinaus dein Leben so angenehm wie möglich gestalten will. Wenn du alles hast, was du für dein Leben brauchst, dann ist das deine materielle Fülle.

Um die Dinge zu kaufen, die du brauchst, gibt es heutzutage schier unbegrenzte Möglichkeiten, Geld zu verdienen. Menschen mit und ohne finanzielle Voraussetzungen, Menschen mit und ohne Ausbildung, mit und ohne Vorkenntnisse, mit und ohne Sprachkenntnisse, mit und ohne Bildung, akademische Grade oder Zeugnisse, mit und ohne körperliche Einschränkungen, aus fernen Ländern oder aus einem Familienbetrieb in der fünften Generation haben es bereits vorgemacht – und wenn einer es konnte, dann kannst du dich an seinem Beispiel orientieren. Ob es darum geht, deine Kenntnisse zu erweitern oder dein finanzielles Einkommen zu sichern: Es gibt eine schier endlose Fülle an Gelegenheiten, Hinweisen und fertigen Plänen, die du nur noch an deine individuelle Situation anpassen musst.

Auch, um deine Vitalität und Gesundheit zu verbessern, steht dir eine reiche Palette an therapeutischen Möglichkeiten aus allen Zeiten und allen Kulturen, der Schul- oder Alternativmedizin zur Verfügung. Seit den 1950ern ist zum Beispiel in England das Heilen mit geistigen Kräften ein anerkannter Berufsstand, und der Dachverband konnte belegen, dass bereits jede bekannte Krankheit mittels geistiger Kräfte geheilt wurde – allerdings nicht bei jedem Menschen. Nicht jedes Mittel wirkt eben bei allen, doch ist es rein theoretisch möglich, das richtige Kraut, wie Paracelsus sagte, das richtige Präparat und die richtige Kur für die Wiedererlangung der Gesundheit zu finden. Wenn du in deinem Leben rundum glücklich und erfüllt bist, mit dir und der Welt in Harmonie, dann scheinst du alles richtig zu machen – selbst wenn andere dein Verhalten kritisieren. Alles, was du tust, ist richtig, wenn es zum gewünschten Ergebnis führt, ohne andere zu verletzen.

Pono – »die Wirksamkeit ist das Maß deiner Kraft« – rät dir, nach Möglichkeiten und Wegen zu suchen, die für dich funktionieren. Auf dieser siebten Stufe empfiehlt uns diese Lebensweisheit, flexibel und anpassungsfähig zu sein und auch Ausschau nach möglichen Vereinfachungen zu halten. Gerade, um einen Weg aus einer Krankheit, einer Beziehungs- oder Unternehmenskrise zu finden, müssen auch wir uns möglicherweise von hinderlichen Gewohnheiten, Konzepten und sogar Menschen verabschieden. Vielleicht haben wir Pläne, ein Produkt oder eine Dienstleistung, die einfach nicht oder noch nicht funktioniert.

Die einzige Maxime lautet deshalb: Es muss funktionieren und darf niemanden verletzen.

Mit der Fülle in Harmonie

Du kannst immer dort beginnen, wo du gerade stehst – wo auch sonst? Vertrauen in dich und das Leben zu haben und dann entschlossen zu handeln, sind die beiden Zutaten, mit denen du alles in deinem Leben erreichen kannst, was du dir wirklich tief in deinem Herzen wünschst. Du bist ein Teil der spirituellen Urquelle, und der Fluss des Lebens wird dir deshalb alles zur Verfügung stellen, was du benötigst – so wie dieses Buch zum Beispiel und all die anderen Dinge. Es gibt keine Zufälle, sondern immer nur Ursache und Wirkung.

Die großen Weisen sehen spirituelle Fülle nicht im Ansammeln von mehr, sondern in der einen Erkenntnis, dass wir alle dieselbe Essenz teilen, ganz gleich, in welcher Gestalt und auf welcher Bühne sie erscheinen mag. Spirituelle Fülle ist deine Verbindung zu dir, den Menschen, der Natur und zu unserem gemeinsamen Ursprung. Mit diesem Wissen, dass sie mit dem, was alles erschafft und erhält, verbunden sind, ist es den Meisterinnen und Meistern immer ein Leichtes, Großes zu vollbringen – und doch ziehen sie es vor, ihren Weg im Stillen zu gehen und nur einzugreifen, wenn es nötig ist.

So erinnere ich mich an die Geschichte eines sehr guten Freundes, der sich in den 1990ern im Himalaya auf dem Weg zu den Quellen des Kali Gandaki verlaufen hatte. Nun, wenn du dich im Schwarzwald oder im Westerwald verläufst, ist das eine Sache – sich allerdings im Himalaya zu verirren, ist eine andere. Nach einigen Tagen des Suchens nach einem Zeichen menschlicher Zivilisation materialisierte sich vor seinen Augen ein nackter Yogi, der ihm den Weg wies und dann wieder im Nichts verschwand. Ich kenne einige solcher Berichte, und sie erzählen alle von einem ganz besonderen Reichtum.

Spirituelle Fülle ist die Essenz des Lebens, und materielle Fülle macht das Leben angenehm. Die erste nehmen wir mit ins nächste Leben, die zweite lassen wir zurück. Ob man Alexander der Große heißt oder wie auch immer, alle materiellen Schätze, der Ruhm und das Geld kommen und gehen. Auf einer Pressekonferenz antwortete Reinhold Messner auf die Frage, was er auf dem Gipfel des letzten Achttausenders seiner Bergwanderer-Karriere gedacht und empfunden hatte – soweit ich mich erinnere – wie folgt: »Ich dachte an nichts. Dort oben war nur Leere, und ich wollte nur wieder nach unten. Glücklich war ich, als ich im Tal andere Menschen traf und lachende Kinder sah.«

Glücklich und erfüllt macht uns unser innerer, unser spiritueller Reichtum, während das Ziel von materieller Fülle es ist, unser Leben angenehmer zu machen: Du kaufst dir zum Beispiel gesundes Essen, trägst schadstofffreie Kleidung und schläfst auf einer guten Matratze, die deinen wertvollen Schlaf bewahrt. Mit materieller Fülle kannst du jenen etwas geben, die weniger haben, du wohnst, wo und wie es dir gefällt, und weil du mit dir und dem Universum im Einklang bist, gibt es nichts, was du dir vorwerfen müsstest.

All das ist wichtig, es lässt dich wachsen und ist ein Geburtsrecht, wie ich es nenne, denn das Leben ist der reine Ausdruck von beidem: von materieller und spiritueller Fülle. Dass du lebst, dass kleinste Insekten fliegen können und Blumen herrlich riechen, indem sie den Geschmack der Erde umwandeln – all das, dieser Reichtum und noch viel mehr, ist ein großes Wunder. Alles, was du tun musst, um in die Fülle zu kommen, ist, locker zu sein und dich in Harmonie mit dem Leben zu bringen – zu verstehen und anzunehmen, dass du richtig bist.

Hier noch einmal eine Zusammenfassung:

- Jeder erschafft seine eigene Welt. Beginne dort, wo du stehst, und wachse, bis es nicht mehr weitergeht. Versuche, mit den Augen deines Gegenübers zu sehen. Schaue mit den Augen der Liebe, und verstehe, wo du und wo die anderen stehen. *(Ike)*

- Du entscheidest, was du sehen willst. Schaue auf die Fülle, das Gute, den Frieden, die Gesundheit und die Liebe. Schaue auf das, was du zu erreichen suchst, denn das, worauf du dich konzentrierst, wird wachsen. *(Makia)*

- Überwinde dich selbst. Versetze mit deinem Glauben deine inneren Berge. Glaube an dich. Die Grenzen dafür, deine Bestimmung zu leben, setzt du selbst. *(Kala)*

- Du bist nicht deine Vergangenheit – sie hat dich nur hierher gebracht. Du bist das, was du in diesem Augenblick bist. Du kannst deinen Weg jederzeit wählen. In diesem Moment kannst du deine Zukunft verändern, indem du neue Ursachen säst. *(Manawa)*

- Großartige Ressourcen an Wissen und Fähigkeiten ruhen in dir. Die Kraft, alle Probleme in deinem Leben zu lösen, liegt in dir. Mache daraus ein Paket, und schenke es der Welt. *(Mana)*

- Deine Liebe verbindet dich mit der Quelle. Du bist als ein Teil der Urquelle mit Ich-Bewusstsein Mitschöpfer bzw. -schöpferin und mit der Aufgabe betraut, in Liebe zum Wohle des Ganzen zu wirken. *(Aloha)*

- Sei wie das Wasser, und passe dich den Gegebenheiten an. Dann verändere die Gegebenheiten, wenn du möchtest. Schaffe Win-win-Beziehungen, und sei immer ein Teil der Lösung statt des Problems. *(Pono)*

- Du aktivierst das Gesetz der Fülle, indem du die Fülle in jeglicher Form – innen und außen – für dich annimmst und sie allen anderen gönnst. Gestehe anderen ihre Größe und ihr Licht zu. *(Holopono)*

Ich wünsche dir von ganzem Herzen ein reiches, erfülltes Leben voller Gesundheit, Glück, Freude, Freundschaften, Frieden und Wohlstand.

Aloha und *Namaste*

Ulrich

Fülle erfahren wir in der Harmonie,
im Frieden, in der Liebe,
wenn es keine Spannungen mehr
in den Beziehungen gibt,
und all das beginnt immer bei uns.

Über den Autor

Ulrich Emil Duprée ist erfolgreicher Buchautor, Berater und Seminarleiter. Seit Ende der 1980er-Jahre setzt er sich aktiv für den Unweltschutz und den Weltfrieden ein. Als Experte für »Neues Denken« steht er in der Tradition von James Allan, Dr. Joseph Murphy und Florence Scovel Shinn.

Er studierte u. a. westliche und fernöstliche Philosophie und lebte von 2005 bis 2008 in einem Hindu-Kloster. Seit einer mystischen Einweihung 2009 durch eine *Kahuna* unterrichtet er Interessierte in der hawaiianischen Konfliktlösungsmethode *Ho'oponopono*. Sein Bestseller »Ho'oponopono – Das hawaiianische Vergebungsritual« wurde bisher 250 000 Mal verkauft und in 14 Sprachen übersetzt.

Auf seiner Internetseite finden Sie Termine von Seminaren, die Ulrich Emil Duprée ganzjährig an verschiedenen Orten anbietet, sowie viel weiteres Material zu diesem und weiteren Büchern. Außerdem haben Sie dort die Möglichkeit, ihm eine Nachricht zu schicken:

www.ulrich-dupree.de

Heilen in und mit Liebe

176 Seiten
ISBN 978-3-8434-1227-8

Ulrich Emil Duprée

Heile dich selbst, und heile die Welt

Der hawaiianische Weg zu Glück, Frieden und Harmonie – Ho'oponopono

In seinen philosophischen Ausführungen, anschaulichen Geschichten und lebensnahen Ho'oponopono-Übungen bringt Ulrich Emil Duprée so viele naheliegende Gedanken auf den Punkt, dass Sie sich fragen werden: »Warum habe ich das vorher nicht so gesehen?« Sie werden Ihre Umwelt und Ihre Mitmenschen ganz neu wahrnehmen. Sie werden sich seltener ärgern und sich weniger Sorgen machen. Werden Sie einfach ein vollkommen glücklicher und zufriedener Mensch!

Ulrich Emil Duprée

Ho'oponopono

Das hawaiianische Vergebungsritual

Die wirkungsvollste Methode, Konflikte und Probleme zu lösen, ist die Vergebung. Dafür haben die Hawaiianer ein Ritual entwickelt, das seit Jahrhunderten erfolgreich angewendet wird: Ho'oponopono! Ob Beziehungskrise, Streit im Job, nagende Selbstvorwürfe oder die weltpolitische Situation – vier einfache Sätze bewirken Wunder: »Es tut mir leid. Bitte verzeihe mir. Ich liebe dich. Danke.«

112 Seiten
ISBN 978-3-8434-5030-0

Ulrich Emil Duprée

Das Ego durchschauen

Neue Wege in die persönliche Freiheit

Das Ego ist die Maske, hinter der sich unser wahres Selbst verbirgt. Es ist der Teil von uns, der zweifelt und zögert, sobald wir etwas Neues wagen wollen, der dicht macht, wenn wir uns öffnen möchten. Denn es hat Angst davor, sich zu blamieren, eine Niederlage einzustecken oder aus der Gemeinschaft ausgeschlossen zu werden. Unserem wahren Selbst, unserer Seele, sind diese Sorgen des Verstandes egal – es möchte erstrahlen, zu seiner wahren Größe und authentischem Ausdruck finden.

192 Seiten
ISBN 978-3-8434-1336-7

Bildnachweis

Bilder von der Bilddatenbank www.shutterstock.com:

S. 6: # 100200350 (© Patryk Kosmider), S. 12: # 506593210 (© Ppictures), S. 16: # 1716207277 (© M.Aurelius), S. 24: # 2151432191 (© lovelyday12), S. 32: # 1640678623 (© Armin Staudt), S. 38: # 1312397549 (© Frame Stock Footage), S. 44: # 1933139540 (© StevanZZ), S. 51: # 657965854 (© releon8211), S. 56: # 1864742578 (© EB Adventure Photography), S. 66: # 463417910 (© Bogdan Sonjachnyj), S. 70: # 1850945110 (© Ko Zatu), S. 74: # 603657458 (© vulcano), S. 78: # 1717173739 (© Alzay), S. 86: # 163577228 (© Rainer Albiez), S. 93: # 663267004 (© Evgeny Atamanenko), S. 98: # 1506792785 (© Jana Loesch), S. 100: # 1567298971 (© yazirmzm), S. 106: # 2259591143 (© avanna photography), S. 114: # 1677432955 (© Stanislavskyi), S. 121: # 405850039 (© Rawpixel.com), S. 128: # 487775788 (© Anatoli Styf)